丛书主编 俞树毅

★生命无返程:重点交通法规解读

★百姓生活避风港:也谈社会保障法

★**祸患积于忽微:警察权限与治安管理**

★清官能断家务事:走进婚姻法

★约定大于法定:合同法漫谈

★让我欢喜让我忧:银行卡消费与维权

★权利与保障同行:民事侵权及其救济

法律在身边

FALU ZAI SHENBIAN

公民维权系列丛书

杨晓平 李天明 编著

祸患积于忽微:
警察权限与治安管理

兰州大学出版社

图书在版编目（CIP）数据

祸患积于忽微 : 警察权限与治安管理 / 杨晓平，李天明编著. -- 兰州 : 兰州大学出版社，2014.11
（“法律在身边”公民维权系列丛书 / 俞树毅主编）
ISBN 978-7-311-04632-3

Ⅰ. ①祸… Ⅱ. ①杨… ②李… Ⅲ. ①治安管理一行政处罚法一基本知识一中国 Ⅳ. ①D922.14

中国版本图书馆CIP数据核字(2014)第267131号

责任编辑 张国梁 杨 洁
装帧设计 郇 海

书 名 祸患积于忽微:警察权限与治安管理
作 者 杨晓平 李天明 编著
出版发行 兰州大学出版社 （地址:兰州市天水南路222号 730000）
电 话 0931-8912613(总编办公室) 0931-8617156(营销中心)
0931-8914298(读者服务部)
网 址 http://www.onbook.com.cn
电子信箱 press@lzu.edu.cn
印 刷 兰州奥林印刷有限责任公司
开 本 710 mm×1020 mm 1/16
印 张 9.25
字 数 150千
版 次 2015年3月第1版
印 次 2015年3月第1次印刷
书 号 ISBN 978-7-311-04632-3
定 价 22.00元

总 序

党的十八届四中全会提出全面推进依法治国，总目标是建设具有中国特色社会主义法治体系，建设社会主义法治国家。

改革开放三十多年来，走市场经济道路和建设具有中国特色社会主义法律体系、建设法治国家是我们始终坚持的。改革越往后就越艰难。我国市场经济建设虽然取得了巨大的成功，但地方保护、行政垄断、自然垄断、权力寻租、市场壁垒以及不公正的市场规则等乱象依然存在，市场经济建设已经到了深层的攻坚克难时期。市场经济是法治经济，市场秩序的建立与维护要依靠反映市场规律、市民社会规则的法治体系。人治只能是计划经济的反映。建设具有中国特色社会主义法治体系，对于深化各项改革、推动市场经济健康发展，具有重要意义。

正如十八届四中全会提出全面推进依法治国的重大任务所表明的，中国特色社会主义法治体系的建设和完善主要依赖于政府的推动，但这种自上而下的推动应当促进内生性的法治建设，其中，增强全民法治观念、加强民主立法和法律实施的公众参与等，应该是题中的应有之意。

社会问题纷繁复杂，当下中国社会又一次处在了历史的节点上。“依法治国，建设社会主义法治国家”是中国的基本治国方略，也是中国承继人类文明的必然和历史选择。依法治国必然要求增强全民法治观念，并在全社会大力推动普法宣传教育。虽然学理解释在法理学上属于无权解释之列，但适法、守法、用法均离不开对现行法律的熟悉、掌握和准确理解，学理解释在法律的适用、市场规则和市场秩序的维护、公民行为的预测或指引中发挥着至关重要的作用。可以说，如果民众没有良好的法律素养，没有法律信念，则中国现代法律的移植、现代法治社会和法治国家的建设始终是不可完成的任务，只能是水中月、镜中花。

早在1986年，中国就开始了以五年为一个周期的普法活动。2011年为“六五”普法规划的启动年。“六五”普法规划的基本指导思想主要是：按照全面落实依法治国基本方略和建设社会主义政治文明的新要求，坚持法制宣传教育与社会主义核心价值体系教育相结合、与社会主义法治理念教育相结合、与社会主义公民意识教育相结合、与法治实践相结合，深入开展法制宣传教育，深入推进依法治理，大力弘扬社会主义法治精神，为夺取全面建设小康社会新胜利营造良好法治环境。

所谓普法，就是普及法律知识，而法律知识范围广泛，涵盖法律和法学，既包括法律精神、法律价值、法律理念，也包括法律原则、法律规范；既包括理论法学、应用法学，也包括一切有关法律和法学的知识和学问。因此，普法会成为依法治国的常态和有机组成部分。当然，普法首先是从对现行法律的宣传、正确解释和准确理解开始的。

应兰州大学出版社之约，我们组织编纂了这套“法律在身边”公民维权系列丛书。丛书内容涉及公法、私法和社会法等各个方面，将按照出版计划陆续推出。这套丛书的出版，期望能够为全社会普法、为法治中国建设尽些绵薄之力。

丛书撰稿人均为在职法律人（法律职业共同体成员，包括法官、检察官、律师、法学教育工作者以及研究者等），大都从事法律教学和研究以及司法实践工作，有较高的科研能力和语言驾驭能力。是他们认真负责的态度和孜孜不倦的工作，使丛书得以面世。

作为丛书的总主编，我制定了丛书的体例，并对各分册书稿进行了统稿和进一步完善。

这套丛书的特点是：语言明快、简洁、通俗；法律要义、释疑、案例、法条有机结合，各单元自成体系；贴近社会生活的主要方面，与大众生活息息相关。

限于学识和时间，书中肯定存在不少问题，希望读者、行家不吝赐教。

俞树毅

2014年12月1日

（丛书总主编俞树毅，系兰州大学法学院教授、博士研究生导师。兰州大学环境资源法学研究所所长）

前　言

我国正处在社会转型时期,各种社会矛盾凸显,老百姓随时可能遭受不法行为的侵害,甚至可能会由于法律知识的欠缺而实施不法行为。人民警察作为国家的治安行政力量,肩负着维护国家安全和社会治安秩序,保护公民的人身安全和人身自由,预防、制止和惩治违法犯罪活动的职责。但由于我国法律制度还不太健全,警察的执法监督体制不完善,加之部分警察综合素质不高,导致警察在执法中的违法乱纪情况时有发生。作为一名普通公民,要想更好的保护自己的合法权益,模范地遵守国家法律法规,就必须正确地认识警察权限和警察的治安管理行为。

在现实生活中,我们不仅有可能受到其他人的侵害,也可能遭遇来自警察的侵权。为了更好地维护自己的合法权益,我们需要了解相关的法律规定。本书主要从治安管理的角度出发,简要说明了什么是警察权限,我国的警察有哪些权限职责,治安管理的一般理论,治安管理处罚的相关规定等。尤其是通过评析一些案例,使读者进一步理解上述内容,不仅能够明白自己的权益何时遭受了来自别人或警察的侵害,而且知道如何利用法律武器来维护自己的合法权益。

目　录

第一单元　谁来维护治安秩序
——警察与警察权限 ……001
【精讲精析】 ……001
一、什么是警察 ……002
二、警察的职能 ……003
三、中国人民警察的任务 ……004
四、中国人民警察的职权 ……004
五、我国警察的主要警种及其公安机关人民警察的职责 ……008
【典型案例】 ……010
案例一　夫妻卧室观看黄碟案 ……010
案例二　某青年不服公安机关行政处罚行政复议案 ……014
案例三　胡某请求国家赔偿案 ……015
案例四　人民警察在非工作期间是否有执法权？ ……015
【以案说法】 ……016
案例一　夫妻卧室观看黄碟案 ……016
案例二　某青年不服公安机关行政处罚行政复议案 ……017
案例三　胡某请求国家赔偿案 ……017
案例四　人民警察在非工作期间是否有执法权？ ……017
【法条链接】 ……018
中华人民共和国警察法 ……018
治安管理处罚法 ……020
中华人民共和国国家赔偿法 ……020
【扩展阅读】 ……021
一、甘肃陇南处置群体事件 ……021
二、贵州六盘水警察枪击青年致死案 ……022

第二单元　法无授权,不得有权
——法治社会目标下的警察权 ……032
【精讲精析】 ……032
一、警匪一家? ……032
二、警察的正当防卫权 ……033
三、疾风知劲草,板荡识诚臣——警察为我们所付出的 ……034
【典型案例】 ……034
案例一　公安机关超期羁押案 ……034
案例二　依法维权　澄清诬告 ……035
案例三　刑讯逼供打死人作假证　称其头撞茶几自杀 ……036
【以案说法】 ……037
案例一　公安机关超期羁押案 ……037
案例二　依法维权　澄清诬告 ……039
案例三　刑讯逼供打死人作假证　称其头撞茶几自杀 ……040
【法条链接】 ……040
中华人民共和国警察法 ……040
中华人民共和国刑法 ……041
中华人民共和国刑事诉讼法 ……042
人民警察使用警械和武器条例 ……043
【扩展阅读】 ……045
一、杜培武错案的前前后后 ……045
二、抓错了人,警察被"讹"案 ……047
三、一份黑色清单 ……051
第三单元　无法逃避的选择
——治安管理 ……054
【精讲精析】 ……054
一、治安管理的含义 ……054
二、治安管理的范围 ……054
三、治安管理的任务 ……058
【典型案例】 ……061
治安警察于私权保护的职责 ……061
【以案说法】 ……062

治安警察于私权保护的职责 ……062
【扩展阅读】 ……063
一、治安管理网格化 警察为主群防群治 ……063
二、“镇江最帅警察”为游客撑遮雨棚 称是职责所在 ……066
第四单元 你的权利随时可能受到侵害
——治安管理处罚法 ……067
【精讲精析】 ……067
一、对“违反治安管理行为”的理解 ……067
二、治安管理处罚及其相关知识 ……078
三、公安机关在治安管理处罚实践中容易侵害公民权利的问题 ……088
【典型案例】 ……090
案例一 经行政调解达成的协议具有法律效力 ……090
案例二 适用检查、扣押法律措施必须符合法定的条件 ……091
案例三 打架斗殴被拘留且罚款处罚不合理 ……091
案例四 派出所民警滥用处罚应依法追究行政法律责任 ……092
【以案说法】 ……093
案例一 经行政调解达成的协议具有法律效力 ……093
案例二 适用检查、扣押法律措施必须符合法定的条件 ……094
案例三 打架斗殴被拘留且罚款处罚不合理 ……094
案例四 派出所民警滥用处罚应依法追究行政法律责任 ……096
【法条链接】 ……097
治安管理处罚法 ……097
公安机关办理行政案件程序规定 ……097
公安机关执行《中华人民共和国治安管理处罚法》有关问题的
解释(二)(2007年1月26日) ……098
【扩展阅读】 ……099
一、违反治安管理行为的种类 ……099
二、邻里纠纷可能违法但不犯罪 ……109
第五单元 你应得的保护
——维护你的权利 ……114
【精讲精析】 ……114
一、认识法律武器——培养你的维权意识 ……114

二、拿起法律武器——维护自己的权利 …………117
【典型案例】 …………127
案例一 法律意识淡薄的后果 …………127
案例二 良好的证据意识 …………128
案例三 维权要讲程序 …………128
【以案说法】 …………131
案例一 法律意识淡薄的后果 …………131
案例二 良好的证据意识 …………131
案例三 维权要讲程序 …………132
【法条链接】 …………133
中华人民共和国集会游行示威法 …………133
中华人民共和国治安管理处罚法 …………134
中华人民共和国行政诉讼法 …………134
后 记 …………136

和刑事司法力量。”2006年11月1日通过，2007年1月1日施行的《公安机关组织管理条例》总则第2条也明确规定：“公安机关是人民民主专政的重要工具，人民警察是武装性质的国家治安行政力量和刑事司法力量，承担依法预防、制止和惩治违法犯罪活动，保护人民，服务经济社会发展，维护国家安全，维护社会治安秩序的职责。” 1957年颁布的《中华人民共和国人民警察条例》规定：“中华人民共和国人民警察属于人民，是人民民主专政的重要工具之一，是武装性质的国家治安行政力量。”1995年颁布的《中华人民共和国人民警察法》没有对人民警察的性质做出单独规定。

二、警察的职能

所谓警察的职能，就是指警察在维护公共安全中所具有和发挥的社会效能或作用。警察的职能是国家本质和国家职能的内在要求和具体表现，国家的本质和职能的性质决定了警察的职能和性质。

一般而言，国家的职能对内有政治统治和社会管理两个基本方面，对外主要是组织国防，防御外来的侵袭和颠覆，保护本国利益不受侵犯。无论是国家的哪项职能，警察作为国家机器的重要组成部分，在实施国家的政治统治和社会管理中发挥着至关重要的职能和作用。一方面，它是国家用于镇压敌对阶级反抗和敌对势力破坏活动的专政工具，担负着对敌专政的职能；另一方面，它是国家管理、维护社会公共安全事业的专门职能系统，其对社会治安秩序的管理和对刑事犯罪的侦查控制，能够为经济社会发展创造稳定的治安环境。具体说来，现代警察具有执行法律、维持秩序和公共服务三个基本职能。

（一）执行法律的职能

警察机关及警察是国家依法设立的治安行政执法与刑事司法部门及力量。警察的职责权限来源于法律的授权，警察机关的基本活动是执法活动，警察的基本行为是执法行为。因此，在现代法治国家中，警察无论是实施国家的政治统治职能，还是执行国家的社会管理职能，都必须做到严格、公正、文明执法，这也是警察的根本职责，同时，也是树立警察良好形象的保证和维护人民群众合法权益、实现社会公平正义的关键环节。正因为警察的一项基本职能是执行法律，所以在我国把公安机关称为“执法机关”。

（二）维持社会秩序的职能

警察的另一项基本职能就是维持社会秩序。从警察的产生以及发展就可以看出，警察是维护社会治安秩序的主力军。国家有两个非常重要的暴力机器，那就是军队和警察。在一般情况下，军队专门负责对外保护国家主权和领土完整的职能；警察主要是对内维持政治统治和经济社会发展所需要的治安秩序。在现代文明法治国家，秩序是按照一定民主程序制定的宪法和法律规则建立起来的并依靠警察强制力具体加以维持的。警察依法防范和侦控国内外敌对势力危害国家安全的行为、防范和侦控各种刑事犯罪行为，包括侦控经济犯罪行为。一句话，警察就是依法维持社会治安秩序的强制性力量。

(三)公共服务的职能

警察的公共服务职能是由警察的本质属性所决定的。警察作为国家的暴力组织，它担负着公共安全管理的使命，这种使命就是为社会公共安全利益提供服务。所以在我国一直强调公安民警的权力来自于人民、服务于人民，要求公安机关和全体民警要牢固树立和始终坚持全心全意为人民服务的宗旨。这也是我国警察职能转变的方向——由单纯的管理型向管理和服务并重的方向发展。

三、中国人民警察的任务

《中华人民共和国人民警察法》(1995年2月28日通过)第2条明确规定："人民警察的任务是维护国家安全，维护社会治安秩序，保护公民的人身安全、人身自由和合法财产，保护公共财产，预防、制止和惩治违法犯罪活动。"

根据警察法第二条，我国人民警察的主要任务有以下五个方面：

(一)维护国家安全

(二)维护社会治安秩序

(三)保护公民合法权益

(四)保护公共财产

(五)预防、制止和惩治违法犯罪活动

四、中国人民警察的职权

《中华人民共和国警察法》第2章规定的人民警察的职权，包括人民警察的职责和权限两个部分。

(一)人民警察的职责

警察法第6条规定的内容就是警察的职责。同时，2003年11月，《中共中央关于进一步加强和改进公安工作的决定》和"全国第二十次公安工作会议"，正式提出和确立了新世纪新阶段公安机关所担负的重大政治责任和社会责任,即巩固共产党执政地位、维护国家长治久安、保障人民安居乐业。

《人民警察法》第21条还规定了民警在救助、扶助、调解、抢险救灾等公益方面的责任义务:“人民警察遇到公民人身、财产安全受到侵犯或者处于其他危难情形,应当立即救助;对公民提出解决纠纷的要求,应当给予帮助;对公民的报警案件,应当及时查处。人民警察应当积极参加抢险救灾和社会公益工作。”

(二)人民警察的权限

1.警察权限的概念

警察权限实质上包含两个方面,一方面是警察的权力;另一方面是权力界限,即警察权力的边界。警察的权力简称警察权,是指由国家法律赋予警察机关执行法律规范,实施警务活动的权力。将二者合起来就是警察权限,即警察权力的范围。从上述意义上来说,警察的权限既是警察的权力规定,也是警察的权力边际。

警察权限与警察的职责相联系,警察的职责是警察权限的基础,警察权限保证着警察职责的实现。警察的权限就国际范围而言大同小异。我国的人民警察法及其相关法律详细列举了警察的权限。

由于警察行使的是国家赋予的权力。所以警察的权力来源于法律的授权,“法无规定者,警察不有权”。警察的权力和普通公民的权利是不一样的,对于公民而言,只要法不禁止,其行为在法律上是自由的;可是作为公权力行使者的警察,如果没有法律的明确规定,就不能做出法律之外的行为。

2.公安机关人民警察的权限

(1)治安行政管理权

①治安行政处置权

治安行政处置权是指公安机关在治安行政管理活动中,为维护社会秩序和公共安全,依法对特定的人、物、事、场所采取的命令、禁止与取缔、许可等方面的权力。

②治安行政处罚权

治安行政处罚权,又称为治安管理处罚权,是指公安机关依法对不履行治安法律法规所确定的义务或者危及社会治安秩序,情节轻微,尚不够刑事处罚的行为,依照治安管理法律法规规定行使的行政处罚权。根据《中华人民共和国治安管理处罚法》的规定,治安行政处罚的种类有:警告、罚款、行政拘留、吊销公安机关发放的许可证。对违反治安管理的外国人,可以附加适用限期出境或者驱逐出境。

③治安监督检查权

治安监督检查权是指公安机关依法对应承担治安责任的组织和个人履行治安责任进行的监督检查的权力。如消防安全监督检查、危险物品安全监督检查等。

④治安行政强制权

治安行政强制权是指公安机关在依法进行治安行政管理和实施治安行政处罚时为保证行为人履行法定义务或者接受处罚,对不履行法定义务或者不服从治安管理处罚的人的人身和物品采取强制手段的权力。如强制传唤、强行带离现场、强制拘留、强制戒毒等。

(2)刑事司法权

①立案权

立案权是指公安机关对认为有犯罪事实,需要追究刑事责任,符合刑事案件立案标准的享有管辖权的案件,依法定程序确定为刑事案件的权力。

②侦查权

侦查权是指公安机关、人民检察院在办理刑事案件过程中,依照法律采取的专门调查工作和有关强制性措施的权力。如有权收集各种证据、进行侦查实验、采取技术侦察措施等。

③刑事强制权

刑事强制权是指为了保证刑事诉讼的顺利进行,由公安机关和其他专门机关依法采取限制或者剥夺犯罪嫌疑人、被告人人身自由的强制权力。如依法有权对犯罪嫌疑人采取拘传、取保候审、监视居住;依法有权对犯罪嫌疑人、被告人实行拘留、提请逮捕和执行逮捕。

④刑罚执行权

刑罚执行权是指公安机关有权根据人民法院的生效判决,依法对管制、拘役、缓刑、假释、短期有期徒刑、暂予监外执行、剥夺政治权利和驱逐出境等刑罚进行执行的权力。

(3)警械、武器使用权

①警械使用权

警械使用权是指人民警察在依法执行职务过程中,遇有法定情形需要制止违法犯罪行为时,依法定程序使用警棍、手铐、脚镣、警绳、催泪弹等警用器械的权力。

②武器使用权

武器使用权是指人民警察在依法执行职务过程中，遇有法定情形需要制止违法犯罪行为时，依法定程序使用枪支、弹药等警用武器的权力。

(4)紧急状态处置权

①紧急优先权和紧急征用权

紧急优先权是指公安机关的人民警察依法享有的因履行职责的紧急需要，经出示相应证件，可以优先乘坐公共交通工具，遇有交通阻碍时，可以优先通行，以及公安机关因侦查犯罪的需要，必要时，按照国家有关规定，可以优先使用机关、团体、企业事业组织和个人的交通工具、通信工具、场地和建筑物的权力。紧急征用权是指公安机关根据紧急处理暴力犯罪或者重大治安灾害事故、追捕逃犯、抢险救灾的需要，依法可以征用急需的人员、物资和场所的权力。

②紧急排险权

紧急排险权是指公安机关在紧急处置重大灾害事故或者平息叛乱时，在迫不得已的情况下采取非常措施的权力。

③管制权

管制权是指县级以上人民政府的公安机关为预防和制止严重危害社会治安秩序的行为，可以在一定的区域和时间，限制人员、车辆的通行或者停留，必要时可以采取相应的交通管制措施；以及县级以上人民政府公安机关，经上级公安机关和同级人民政府批准，对严重危害社会治安秩序的突发事件，可以根据情况采取相应的现场管制措施的权力。管制权分为交通管制权和现场管制权。

④戒严执行权

戒严执行权是指公安机关在全国人大常委会或者国务院依法做出戒严决定后，对戒严，地区依法实行治安控制的权力。戒严执行权除由公安机关行使外，人民武装警察部队也可行使，必要时还可派出人民解放军协助执行。

五、我国警察的主要警种及公安机关人民警察的职责

(一)我国的主要警种

警种是依据警察职位及工作特征对人民警察做出的类别划分。

警察法第2条第2款规定:“人民警察包括公安机关、国家安全机关、监狱、劳动教养管理机关的人民警察和人民法院、人民检察院的司法警察。”

本书中主要介绍的是公安机关的警察。

(二)公安机关各警种的职责

1.治安警察的职责

治安警察是负责维护社会治安秩序,保障公共安全的人民警察。其主要职责是:依照国家有关法律、法规进行社会治安管理,维护社会治安秩序;处理治安案件;管理特种行业;查禁违禁物品;预防犯罪;了解并掌握社会治安动态;预防和处理治安灾害事故;进行治安巡逻;发动群众参加维护社会治安秩序等工作。

2.户籍警察的职责

户籍警察是负责管理户籍,掌握户口动态等户政工作的人民警察。其主要职责是:执行户口管理制度,做好户籍管理和人口统计工作。

3.刑事警察的职责

刑事警察简称“刑警”,是负责刑事案件侦破工作的人民警察。刑事警察包括刑事侦查人员和从事刑事科学技术的法医、化验员、鉴定员、警犬训练员等。其主要职责是:依法进行公开的、秘密的专门调查和运用刑事科学技术,揭露和打击刑事犯罪;运用公开管理手段、秘密力量和群众联防控制社会上的复杂场所,限制和缩小犯罪分子的活动空间;研究犯罪分子的活动规律,防范刑事犯罪活动。

4.交通警察的职责

交通警察简称“交警”,是负责维护交通安全和交通秩序,处理交通事故,进行交通安全管理工作的人民警察。其主要职责是:依照国家有关交通安全管理的法律、法规,对道路、行人、车辆和驾驶人员进行管理;防止和处理交通事故;开展交通安全的宣传教育;维护交通秩序,保障交通安全和道路畅通。

5.外事警察的职责

外事警察是维护国家主权和安全,对进出我国国(边)境的外国人(包括无国籍人)和我国公民进行管理的人民警察。其主要职责是:依照国家有关出入境管理的法律、法规,对我国公民出入境和外国人入出境、居留、旅行进行管理;对我国公民和外国人违反出入境管理法律、法规的行为进行处理;发现和处理来华外国人的违法犯罪活动;保护外国人在我国的合法权益和人身、财产安全。

6.巡逻警察的职责

巡逻警察简称“巡警”，是指在一定路线或一定地段用巡逻方式进行勤务活动的人民警察。其主要职责是：维护辖区内的治安秩序，预防和制止治安案件和突发性事件；预防和制止犯罪行为；参加处置灾害性事故；维护交通秩序；接受公民报警；劝解、制止公共场所发生的民事纠纷；为社会和公民提供救助和服务等。

7.督察警察的职责

督察警察是对公安机关的人民警察执行法律、法规、遵守纪律的情况进行监督的警察。其主要职责是对下列事项进行监督：重要的警务部署、措施、活动的组织实施情况；重大社会活动的秩序维护和重点地区、场所治安管理的组织实施情况；治安突发事件处置的情况；刑事案件、治安案件的立案、侦查、调查、处罚和强制措施的实施情况；治安、交通、户政、出入境等公安行政管理法律、法规的执行情况；使用武器、警械以及警用车辆、警用标志的情况；处置公民报警、请求救助和控告申诉的情况；文明执勤、文明执法和遵守警容风纪规定的情况；组织管理和警务保障的情况；履行职责、行使职权和遵守纪律及其他情况。

8.边防警察的职责

边防警察是负责维护我国边境地区的社会治安、处理边境涉外事务的人民警察。边防警察实行义务兵役制，属中国人民武装警察部队序列。1997年，经国务院批准在北京、天津、上海、广州、深圳、珠海、汕头、厦门、海口九个城市进行了边防检查职业化改革试点，由兵役制改为职业制人民警察。边防警察的主要职责是：在陆地边防线和近海海域进行军事巡逻和警戒；在边防口岸进行武装警卫；依法管理边境地区的社会治安；在边防口岸和民航机场进行边防检查、安全检查；防止非法越境，防范、打击各类刑事犯罪和破坏活动，保障国家安全。

9.消防警察的职责

消防警察是同火灾做斗争的人民警察。消防警察实行义务兵役制，属中国人民武装警察部队序列。其主要职责是：依法进行消防监督管理；预防、警戒和扑灭火灾；对企业专职消防队和群众义务消防队进行业务指导；向群众进行防火灭火的宣传教育。

应当指出的是，公安机关各警种间的分工与协作是各警种正确履行职责不可缺少的条件。公安机关为了使人民警察更好地履行职责，完成各项工作任务,设置了不同的业务部门,从而形成了不同的警种。然而人民警察是个整体,其战斗力取决于各警种协同作战、整体作战的能力。因此,各警种之间的分工是根据各警种的任务、职责、权限的不同而划分的,其目的是便于日常工作。这种分工是相对的,在发生重大事件或突发性事件时,往往是各警种联合作战,在需要履行职责时,不允许人民警察借口不属其职责范围而拒绝执行。

【典型案例】

案例一 夫妻卧室观看黄碟案[①]

2002年8月18日23时左右,某市某派出所接到电话举报,称其辖区内有人正在播放黄色录像。接到举报后,民警来到张某诊所门外。但大门紧锁,干警无法核实是否有人播放黄色录像。为进一步调查,民警从诊所侧面的窗户缝里看到屋内的确正在播放淫秽录像。于是,民警以看病为借口进入该诊所并来到放录像的房间,后在民警和张某之间发生了一些冲突。于是民警采取强制措施,以妨碍警方执行公务为由将张某带回派出所。作为播放淫秽录像的证据,警方将从现场搜到的3张淫秽光碟连同电视机、影碟机一起带回派出所。考虑到事过境迁,对于案件的许多细节难以具体核实,故将当事人双方的描述分列于后,供大家参考使用:

派出所民警所述经过:

某派出所所长贺某讲述的经过:2002年18日晚11时许,该派出所接到群众电话举报,称其辖区内一居民家中正在播放黄色录像,所里马上派出了4名民警前去调查。贺某称,由于所辖地区学校众多,以前校外曾有不少"影视厅",经过一段时间的整治,这些小放映厅为更好隐蔽就转入家庭式放映。因此,干警这根弦绷得很紧,只要一接到说哪儿有放影碟的举报,就会立刻出警。

干警接到举报后,马上来到了张某诊所门外。大门锁着,为了核实情况,干警绕到诊所侧面,从窗户缝里看到房间内的电视机中的确正在播放着淫秽录像。于是,几名民警以看病为借口进入该居民家中并径直来到放着录像的房间。

进门后发现房间内有张某夫妻二人,而此时电视机已经关闭。几名民警

①资料引自:中国人民大学网站,网址:http://xingzhengfa.calaw.cn/article/default.asp?id=986。访问日:2012年6月。

随即表明身份并要求其二人拿出“黄碟”，但该夫妻拒绝警方的要求，拿起床上的碟片砸向民警。警长尚某正欲弯腰取出碟机中的碟片，张某突然操起身旁一根长约1米的木棍朝尚某头部抡去，尚某躲闪不及，只得用手去挡，木棍一下子砸在了手上。张某的妻子李某也上前撕扯民警，一民警的衣服被撕烂，一民警的手被抓破，而尚某的左手也立刻肿了起来。

看到场面难以控制，民警将张某摁倒在床上，然后扭住其胳膊以妨碍警方执行公务将其带回了派出所。作为播放淫秽录像的证据，警方将从现场搜到的3张淫秽光碟连同电视机、影碟机一起带回派出所。

当事人张某夫妇所述经过：

2002年8月18日下午两点多，邻居开理发店的马某来到小诊所，借给张某夫妇三张光碟。晚上10点多，张某拿出影碟来放，碟的内容是一个外国女人在沐浴，画面上没有男人。夫妇二人看到一半就关了电视和影碟机睡了，此时大概是10点40分。

11点左右，有人敲门说要看病，张某的父亲在前屋睡觉，听见敲门，就起身开门，刚把门上面的插销拉开，门下面的暗锁还没来得及拉，就有四个人撞进来，把他推倒在靠墙的滑椅上，然后直奔张某夫妇的卧室。这四个人当时都没有穿警服，也没有出示警官证和搜查证（另一说为“虽然来人穿着警服，但却没有佩带警号和警帽，所以他并不知道来人是派出所的民警”）。

当时屋里还亮着暗灯，一个矮胖男人说：“有人举报你们看黄碟，快起来！”当时夫妇二人都没有穿衣服，他上来就揭开被子，同时另外两个人去取碟，要抱走电视机和影碟机。张某拉过一条裤子穿了一半就赤脚下床阻止，一个高个胖子就把他反剪着手抓住头发按在床上。

高个胖子和矮个胖子对张某一阵乱打，张某挣扎中好不容易挣脱了一只手，抄起窗户旁一根约1米长的棍子抡了起来，打伤了民警尚某的左手。李某（张某之妻）见几个人打自己的丈夫，就胡乱套上衣服上去拉架。这时不知他们四人中的哪个人叫来了万花派出所所长贺某。李某说，她是事后才知道他就是所长的。

贺某进来就抓住张某的头发，用拳头打他的脸和脖子，打完后问那四个人：“带手铐了吗？”四个人说：“没有。”他又问：“带绳子没有？”四个人也说没有。贺某说：“带走！”高个胖子和矮个胖子就架着张某出了卧室。据李某所述：“进来的4个人都穿着便装，其中一个穿着T恤，根本没有人出示证件讲明身份。”

在这期间,张某的父亲一直被来人挡在卧室外面,见自己的儿子被带走就上去阻止,也被一起带走。据李某所述:"那些人胡乱给我丈夫穿上一条裤子之后,就把他手反扣着带走了。从我家到派出所约有200米远,他连双鞋都没有穿!"当晚,张某的父亲被放了回来。张某父亲说:"他们把我和儿子带到某出所,带走时一路打(张某),到了'里面'还打。贺某把书本垫在张某胸口,用拳头打他。"

见丈夫和公公被带走,李某赶忙打电话叫来亲戚赶到派出所,看到张某坐在椅子上弯着腰,已经被打得吐了一地。贺某告诉李某说,他们犯了传播淫秽物品罪和妨碍公务罪。当李某的三哥质问为什么把人打成这样时,贺某说:"我把人打死了,一切后果由我自负。"他还对后来赶来采访的媒体记者说:"谁让你来的?没经我同意就来?"

据张某事后称"他们要我承认喝酒了,用棍子打了民警。还说这样才会没事,否则就要劳教、判刑。"当晚张某在滞留室里待了一夜。

2002年8月22日,公安分局决定对张某打伤民警的行为以妨碍公务罪立案,并由分局治安大队调查。2002年10月21日下午两点,公安分局治安大队的两名警察以"调查案子"为由突然将张某从小诊所带走,随后以"涉嫌妨碍公务"将其刑事拘留,而此时距8月份的"黄碟事件"已经过去了两个多月。下午,两名警察来到张某家中,向张某的妻子李某出示了一张《某市公安局某分局对被拘留人家属或单位通知书》,上面表明张某因涉嫌"妨害公务"被刑事拘留,已经被羁押在某区看守所。来人让李某签字画押,李某认为公安局以"涉嫌妨害公务"拘留自己的丈夫不公平,拒绝在给家属的通知书上签字。随后,李某打丈夫的手机,丈夫说自己被拘留了。随后,电话就再也打不通了。据张某的妻子李某所述,事发两个月以来,治安大队并未就当晚张某与民警发生争执的事情找他们夫妇做过调查,这一点在治安大队处也得到了证实。也就是说,警方依据发生争执的双方中的派出所一方提供的有关"认定",在两个月后突然对另一方当事人实施了刑事拘留。

2002年10月22日上午,李某在家人的陪同下来到公安某分局治安大队,在那里她得知丈夫的确被刑事拘留了,并且已经被送到"山上"去了。他们又来到某分局,从一位姓魏的副局长那里得到了同样的回答。李某认为,魏局长始终没有告诉她丈夫为什么被刑拘。事发当日,他们看到陌生人闯进屋子,伸手就要拿碟机,他们理所当然要反抗。因为来人穿着便装,她和丈夫并不知道来人的意图和身份,所以发生冲突,这怎么能说是"妨害公务"呢?

2002年10月23日，负责此案的分局治安大队承认，此次刑事拘留张某、认定其“妨害公务”的依据主要是来源于派出所的认定。

2002年10月28日，公安分局向区人民检察院提交材料，报请检察院批准逮捕张某。

2002年11月4日16时30分，区检察院检察委员会第二次召开会议，一致同意决定不批准逮捕涉嫌妨碍公务罪的“黄碟事件”当事人张某，并送达公安机关。检察院经过认真的研究之后认为，分局提供给检察院的报捕材料，当中的部分证据还不能确认，部分办案环节还有疏漏，因而材料反映的内容不能作为批准逮捕张某的充分理由。

2002年11月5日下午4点半，被刑拘16天之后的张某被分局以取保候审的形式释放回家。放出来后张某出现精神异常。

2002年11月6日，张某被家人带到某大学医学院附属医院检查，被初诊为出现精神障碍。2002年11月7日，李某和姐姐带着张某到市公安局了解案件情况，张某显得非常恐惧，他蹲在地上不住地发抖，把自己的手指头都咬破了。从那时起，张某就再也不说话了。2002年11月8日，张某住进某大学医学院附属医院，又因负担不起医疗费于11月12日出院(4天共花去1000余元)。记者见到医院的病历上写着：患者受精神刺激后出现精神异常，表现为不眠，发呆，有时哭笑无常，感到害怕，生活不能自理，反应迟钝，有自伤行为，有时捡烟头吃……问话不答，不能进行有效交谈，情感淡漠，精神运动抑制，自知力不全……出院诊断：急性应激性障碍。张某住院期间的主治医生、精神神经科的薛大夫对这个病人还记忆犹新：“他当时住在医院住院部5楼的神经病房，看见什么人都害怕，看见铁窗也害怕。他经常蹲在墙边的地上，不敢抬头，像是认罪的样子。”“他经常伸出手，准备被铐的样子。”据张某的大夫说，之前诊断他是应激性精神障碍，可现在都一个多月病情没见减轻，可能加重成为延迟性了。在医院治疗的过程中，张某总是往墙角一蹲，垂着头，两臂伸直手腕靠在一起，就好像被铐住的样子。

2002年8月18日晚，张某被带回派出所，理由为传播淫秽物品罪和妨碍公务罪；

2002年8月19日，张某被家人“保”了出来，派出所只开了一张“某市公安局分局暂扣款收据”，也没有加盖公章，扣款理由是“阻碍公务问题”；同日，派出所以“传播淫秽物品”为由给张某出具了《现场扣押物品清单》；

2002年8月22日，分局决定对张某打伤民警的行为以妨碍公务罪立案，并由分局治安大队调查；

2002年10月21日，分局以“涉嫌妨碍公务”将张某刑事拘留；

2002年10月28日，分局向区人民检察院提交材料，报请检察院批准逮捕张某；

2002年11月4日16时30分，某市区检察院检察委员会第二次召开会议，一致同意决定不批准逮捕涉嫌妨碍公务罪的“黄碟事件”当事人张某，并送达公安机关；

2002年11月5日，被刑拘16天之后的张某被分局以取保候审的形式释放回家；

2002年12月5日下午，分局解除对张某的取保候审，并宣布撤销该案；

2002年12月25日，张某向分局提出国家赔偿申请书，并要求公安机关恢复名誉、赔礼道歉，处理相关责任人。

2003年1月14日，某省某市分局对直接责任人作了如下处理：免除主要责任人贺某派出所所长职务；警长尚某被调往边远派出所继续待岗；民警任某被公安机关辞退。

案例二　某青年不服公安机关行政处罚行政复议案①

某日的傍晚，某市110接群众的报警，称在该市的某超市门口有一男青年在闹事，三分钟后巡逻警察赶到事发地点，见到该青年头上流着血，并正在毁坏路边的防护栏等一些公共设施，对旁人的劝说也不予理睬，还开口骂人。警察当即进行制止，但无效。接触中发现该青年满口酒气，处于酒醉状态，行为和举止已失控。巡逻警察便将该青年强行带回公安机关，对其进行约束，限制人身自由。第二天早晨，该青年酒醒后，警察对其进行了教育批评，并对其在酒醉过程中损害公共设施为由，对其进行罚款500元，治安拘留7天的行政处罚，并将此事通知其家属。该青年及家属不服，提出由于当天傍晚该青年是参加朋友的婚宴喝多了酒，酒醉后虽然有一些过激的行为，但是不至于导致被限制人身自由和的行政处罚程度。对公安机关所实施的限制约束和处罚行为表示不满，认为是不符合法律规定，依法提出申请复议，要求复议机关确认原公安机关所实施的约束行为不合法，应赔礼道歉，要求撤销对其的行政处罚，并

①资料引自：233网校网，网址：http://www.233.com/zj/zhidao/iichu/20061222/111036653-2.html。访问日：2012年6月9日。

给予行政赔偿。

案例三　胡某请求国家赔偿案[①]

某日凌晨3时左右，在某县迎宾招待所住宿的旅客吴某，发现街对面有几个黑影正在撬一家商店的卷闸门。吴某当即打电话给旅馆老板任某。此时，对面商店的门已被撬开，盗贼正在往面包车上搬东西。旅店老板任某连忙拨打当地派出所报警电话，先是无人应接，后遭值班民警艾某的拒绝没有出警。半个多小时后，盗贼将东西装上面包车逃离现场。经查，该被盗商店系个体户胡某所开的工艺礼品渔具门市，当晚被盗物品价值约25000元。案发后，胡某到派出所报案，并要求尽快侦破案，追回自己的财物，减少损失。县公安局责令刑警中队尽快侦破此案。然而两个多月过去了，案件却一直没有侦破，其间胡某多次向派出所要求赔偿损失均无果，胡某遂向人民法院提起行政诉讼，要求县公安局赔偿损失。

案例四　人民警察在非工作期间是否有执法权？[②]

某市公安局交通警察王某下班骑自行车回家的途中，看到一辆货车驶入禁行道，便将车拦住。司机周某看到警察拦车就停车问什么事，王某说："这是禁行路，前面有车辆禁行标志，没看见吗？"周某说："对不起，真没看见。"在对话中，王某闻到对方有很浓的酒味，便问司机周某："你喝酒了吗？"周某回答说："喝了点啤酒，没事。再说你现在下班了，还管违章，这不是多管闲事吗？"说完，就要开车走。王某说："不行，你酒后驾车并驶入禁行道都属于违章行为，罚款200元。"随后拿出处罚通知书，并告知15日内到公安机关指定的银行交纳罚款。周某想争辩，见围观的群众越来越多，只好接受交警王某对自己的处罚。第二天，周某到市公安局交警大队以罚款不合理为由提出申诉，市公安局仍维持原决定。周某不服，向县人民法院提起行政诉讼，要求撤销罚款决定。

---

①资料引自：云南警官学院网，网址：http://210.40.208.4/jpkc/jcfx/webs/Article.asp?ArticleID=158。访问日：2012年6月6日。

②资料引自：233网校网，网址：http://www.233.com/zj/zhidao/iichu/20061221/104829644.html。访问日：2012年6月6日。

【以案说法】

案例一　夫妻卧室观看黄碟案

上述案件涉及公民自由与警察权的边界问题,具体讲主要涉及两个法律问题:一是公民在家看黄碟有没有违法?其二是警察没有相关法律手续能不能夜闯民宅?

公民在家看黄碟有没有违法呢?我们一般说的公民违法是狭义的违反治安管理处罚法的行为,当然广义上还包括犯罪,犯罪也可以理解为是严重的违法行为,应当受到刑罚处罚的行为。夫妻在家看黄碟,在刑法上显然是不构成犯罪。由于本案发生在《治安管理处罚条例》生效时期,当时的《治安管理处罚条例》中规定的不是很明确。尽管不是很明确,但是从行政法及相关法律的原理上还是可以得出结论,那就不违法。在现行的《治安管理处罚法》中也没有规定是违法行为。我国的刑法实行的是罪刑法定,即哪些行为构成犯罪并对这个犯罪处什么样的刑罚都由法律规定,法无明文规定不为罪,法无明文规定不处罚。同样,尽管我国的《治安管理处罚法》中没有明确规定"违法行为与处罚法定",但是,结合行政法的相关原理,行政机关的权力都来自于法律的授权,法律没有规定的权力,凡是对相对人不利的行为,行政机关都不得行使。所以,既然《治安管理处罚法》中没有规定,很明显,夫妻在家看黄碟就不是违法行为。

在明确了本案中所涉及的第一个法律问题之后,第二个所涉及的法律问题就相对好办了。警察究竟能不能夜闯民宅呢?《中华人民共和国警察法》中并没有明确规定,但在《治安管理处罚法》第87条规定:"公安机关对与违反治安管理行为有关的场所、物品、人身可以进行检查。检查时,人民警察不得少于二人,并应当出示工作证件和县级以上人民政府公安机关开具的检查证明文件。对确有必要立即进行检查的,人民警察经出示工作证件,可以当场检查,但检查公民住所应当出示县级以上人民政府公安机关开具的检查证明文件。检查妇女的身体,应当由女性工作人员进行。"据此,警察要进入民宅,必须要有县级以上公安机关开具的检查证明文件,否则是不能进入民宅的。

案例二　某青年不服公安机关行政处罚行政复议案

本案例申请人公安机关所实施的限制约束和处罚行为表示不满，认为是不符合法律规定，依法提出申请复议，要求复议机关确认原公安机关所实施的约束行为不合法，应赔礼道歉，要求撤销对其的行政处罚，并给予行政赔偿。那么，上级公安机关对该行政复议申请应当如何处理呢？

本案例涉及对醉酒的人，人民警察采取强制约束和治安管理行政处罚的合法性问题，具体到本案，则适用《治安管理处罚法》第15条、第23条规定。因此，本案例人民警察的执法行为符合法律规定，上级公安机关对行政复议申请人的行政复议应当驳回。

案例三　胡某请求国家赔偿案

本案例是胡某认为某县公安机关人民警察不履行法定职责，造成公民财产损害而要求国家赔偿的案件。那么，在胡某的损失是由犯罪分子的犯罪行为而造成的前提下，胡某将侦查犯罪案件的公安机关告上法院有没有法律依据？涉及哪些法律规定？

维护社会治安秩序，打击犯罪、保护国家和人民群众人身、财产安全是公安机关法定职责，由于公安机关在治安管理活动、刑事侦查活动中放弃职责、不适当履行职责而使公民人身受到伤害、财产遭受损失的，应当承担国家赔偿责任，并对行为人依法处理。本案胡某主张国家赔偿的法律依据是《中华人民共和国警察法》第21条以及《中华人民共和国国家赔偿法 》第4条第4项的规定，所以，胡某有权取得国家赔偿。

案例四　人民警察在非工作期间是否有执法权？

一般来说，执法人员在非工作期间不具有执法资格或权力。但是，如果在紧急情况下，非工作期间的人民警察不履行职责有造成危险情况发生的可能，则履行职责符合公共安全的需要和警察的职责，是合法的执法行为。《中华人民共和国警察法》第19条规定：人民警察在非工作时间，遇有其职责范围内的紧急情况，应当履行职责。

【法条链接】

中华人民共和国警察法

第六条 公安机关的人民警察按照职责分工,依法履行下列职责:

(一)预防、制止和侦查违法犯罪活动;

(二)维护社会治安秩序,制止危害社会治安秩序的行为;

(三)维护交通安全和交通秩序,处理交通事故;

(四)组织、实施消防工作,实行消防监督;

(五)管理枪支弹药、管制刀具和易燃易爆、剧毒、放射性等危险物品;

(六)对法律、法规规定的特种行业进行管理;

(七)警卫国家规定的特定人员,守卫重要的场所和设施;

(八)管理集会、游行、示威活动;

(九)管理户政、国籍、入境出境事务和外国人在中国境内居留、旅行的有关事务;

(十)维护国(边)境地区的治安秩序;

(十一)对被判处管制、拘役、剥夺政治权利的罪犯和监外执行的罪犯执行刑罚,对被宣告缓刑、假释的罪犯实行监督、考察;

(十二)监督管理计算机信息系统的安全保护工作;

(十三)指导和监督国家机关、社会团体、企业事业组织和重点建设工程的治安保卫工作,指导治安保卫委员会等群众性组织的治安防范工作;

(十四)法律、法规规定的其他职责。

第七条 公安机关的人民警察对违反治安管理或者其他公安行政管理法律、法规的个人或者组织,依法可以实施行政强制措施、行政处罚。

第八条 公安机关的人民警察对严重危害社会治安秩序或者威胁公共安全的人员,可以强行带离现场、依法予以拘留或者采取法律规定的其他措施。

第九条 为维护社会治安秩序,公安机关的人民警察对有违法犯罪嫌疑的人员,经出示相应证件,可以当场盘问、检查;经盘问、检查,有下列情形之一的,可以将其带至公安机关,经该公安机关批准,对其继续盘问:

(一)被指控有犯罪行为的;

(二)有现场作案嫌疑的;

（三）有作案嫌疑身份不明的；

（四）携带的物品有可能是赃物的。

对被盘问人的留置时间自带至公安机关之时起不超过24小时，在特殊情况下，经县级以上公安机关批准，可以延长至48小时，并应当留有盘问记录。对于批准继续盘问的，应当立即通知其家属或者其所在单位。对于不批准继续盘问的，应当立即释放被盘问人。

经继续盘问，公安机关认为对被盘问人需要依法采取拘留或者其他强制措施的，应当在前款规定的期间做出决定；在前款规定的期间不能做出上述决定的，应当立即释放被盘问人。

第十条　遇有拒捕、暴乱、越狱、抢夺枪支或者其他暴力行为的紧急情况，公安机关的人民警察依照国家有关规定可以使用武器。

第十一条　为制止严重违法犯罪活动的需要，公安机关的人民警察依照国家有关规定可以使用警械。

第十二条　为侦查犯罪活动的需要，公安机关的人民警察可以依法执行拘留、搜查、逮捕或者其他强制措施。

第十三条　公安机关的人民警察因履行职责的紧急需要，经出示相应证件，可以优先乘坐公共交通工具，遇交通阻碍时，优先通行。

公安机关因侦查犯罪的需要，必要时，按照国家有关规定，可以优先使用机关、团体、企业事业组织和个人的交通工具、通信工具、场地和建筑物，用后应当及时归还，并支付适当费用；造成损失的，应当赔偿。

第十四条　公安机关的人民警察对严重危害公共安全或者他人人身安全的精神病人，可以采取保护性约束措施。需要送往指定的单位、场所加以监护的，应当报请县级以上人民政府公安机关批准，并及时通知其监护人。

第十五条　县级以上人民政府公安机关，为预防和制止严重危害社会治安秩序的行为，可以在一定的区域和时间，限制人员、车辆的通行或者停留，必要时可以实行交通管制。

公安机关的人民警察依照前款规定，可以采取相应的交通管制措施。

第十六条　公安机关因侦查犯罪的需要，根据国家有关规定，经过严格的批准手续，可以采取技术侦察措施。

第十七条　县级以上人民政府公安机关，经上级公安机关和同级人民政府批准，对严重危害社会治安秩序的突发事件，可以根据情况实行现场管制。

公安机关的人民警察依照前款规定，可以采取必要手段强行驱散，并对拒不服从的人员强行带离现场或者立即予以拘留。

第十八条 国家安全机关、监狱、劳动教养管理机关的人民警察和人民法院、人民检察院的司法警察,分别依照有关法律、行政法规的规定履行职权。

第十九条 人民警察在非工作时间,遇有其职责范围内的紧急情况,应当履行职责。

治安管理处罚法

第十五条 醉酒的人违反治安管理的,应当给予处罚。

醉酒的人在醉酒状态中,对本人有危险或者对他人的人身、财产或者公共安全有威胁的,应当对其采取保护性措施约束至酒醒。

第二十三条 有下列行为之一的,处警告或者200元以下罚款;情节较重的,处5日以上10日以下拘留,可以并处500元以下罚款:

(一)扰乱机关、团体、企业、事业单位秩序,致使工作、生产、营业、医疗、教学、科研不能正常进行,尚未造成严重损失的;

(二)扰乱车站、港口、码头、机场、商场、公园、展览馆或者其他公共场所秩序的;

(三)扰乱公共汽车、电车、火车、船舶、航空器或者其他公共交通工具上的秩序的;

(四)非法拦截或者强登、扒乘机动车、船舶、航空器以及其他交通工具,影响交通工具正常行驶的;

(五)破坏依法进行的选举秩序的。

中华人民共和国国家赔偿法

第四条 行政机关及其工作人员在行使行政职权时有下列侵犯财产权情形之一的,受害人有取得赔偿的权利:

(一)违法实施罚款、吊销许可证和执照、责令停产停业、没收财物等行政处罚的;

(二)违法对财产采取查封、扣押、冻结等行政强制措施的;

(三)违法征收、征用财产的;

(四)造成财产损害的其他违法行为。

【扩展阅读】

一、甘肃陇南处置群体事件[1]

11月17日上午，陇南市武都区东江镇30多名拆迁户集体到市委上访，要求对陇南市行政中心搬迁后可能导致的住房、土地以及今后生活方面的问题做出答复。市委、市政府和相关部门的工作人员及时进行了信访劝解，但上访人员不听劝阻。到15时许，上访人员增加到200多人，打出“反对搬迁”的横幅，喊着“反对搬迁”的口号，并围堵了市委大门，致使聚集和围观的群众越来越多。

17日21时30分以后，大约400多人陆续强行进入市委后院。22时左右，市委后院聚集和围观人员增加至近1000多人，部分人员推倒阅报栏，损毁绿化带，并开始冲击前来维持秩序的公安民警、武警和市委办公人员，公安民警和武警以十分克制的态度采取措施将聚集人员疏散出市委大门。24时左右，聚集人员增加到2000多人，部分聚集人员向门口维持秩序的武警投掷砖块、石头、酒瓶，打伤武警69名、公安民警2名、陇南电视台的记者3名，其中11名住院。

11月18日零时30分左右，部分聚集人员强行冲进市委大院，砸毁了前院和中院两栋办公楼的门窗玻璃、办公设施，砸毁汽车12辆，并抢走了部分财物。随后，聚集人员冲进后院。在十分危急的情况下，现场维持秩序的公安民警和武警果断处置，现场抓获了35名不法分子，并将聚集人员疏散出后院和中院。不法分子在前院纵火焚烧了市委保安室和信访接待室，以及停放在前院的摩托车、自行车和砸坏的办公用品，并将前来救火的一辆消防车强行抢夺开进大院，后被制止。之后，武警战士和公安民警将聚集人员清理和疏散出市委大门，凌晨4时左右，事态暂时得到控制。

18日8时，市委大门口又陆续聚集人员，10时30分左右，约有1000多人冲进市委后院，手持铁锨、棍棒、砖头、石块等攻击公安民警和武警，砸毁3辆小车。为了防止事态进一步扩大，公安民警、武警采取强制措施，抓获带头滋事的不法分子，并将其余人员清理和疏散出市委后院。

---

①资料引自：新浪网，网址：http://news.sina.com.cn/c/2008-11-20/180816693816.shtml。访问日：2010年6月6日。

随后,聚集人员又冲到市委前院和中院,纵火焚烧市委前楼、中楼、中院木楼和18日凌晨被砸毁的12辆小车。一些机关单位办公设施及文件资料被砸坏烧毁。与此同时,不法分子将停放在市区长江大道的7辆警车砸毁并焚烧。

据统计,这起事件共砸烧房屋110间、车辆22辆,市委大院各单位办公设施及其他损失(不含房屋及车辆损失)503.8万元,职工私人财产正在统计之中。

本着"教育大多数、打击极少数"的原则,维持秩序的公安民警和武警果断采取措施,目前共传唤询问违法人员110人,目前已刑事拘留30人,其中取保候审7人,经过谈话教育具结悔改80人,有力地震慑了犯罪分子。

二、贵州六盘水警察枪击青年致死案①

巷子叫"幸福巷",位于贵州省六盘水市汪水路。它倾斜向上,长约80米,宽约4米。

在距离巷口70米处,是一栋两层四合院式的楼房,主人叫丁发友,妻子陈红。死者陈军是陈红的大弟弟。

2006年5月19日下午,陈军带着弟弟陈超,和苏军、龙德朝等6个朋友,通过这个巷道,来到丁发友家。他此行的目的是想吓唬一下丁发友的父亲丁德喜。丁德喜对陈红只生了两个女儿一直有所不满,那天上午,丁德喜特意赶到丁发友家,让丁发友与陈红离婚而另娶。

丁发友拒绝父亲的要求,并让姨妹陈琴于当日将自己的两个女儿送到父亲家。他以为,两个女儿聪明、漂亮,如果父亲自己带了,就不再忍心拆散这个家庭。

陈军来到姐姐家,得知两个外甥女被送往丁父家后,便劝说姐夫、姐姐将孩子们接回来。

于是,陈红、陈琴,和陈军等人,一起去丁父家。丁德喜住在六盘水市大河矿,距离丁发友家有20多公里。到了丁父家所在的家属楼楼下,陈红、陈琴上4楼去接孩子,其他人都站在楼下。陈红、陈琴与丁德喜发生了口角,并有拉扯行为。之后,丁德喜的大儿子丁远斌、小儿子丁远伦先后从别处赶回来。丁远斌站在四楼,对陈家姐弟破口大骂。其他人遂上楼,丁远斌因为担心被打,从四楼窗户跳到邻居家的房顶逃走后报警。

当汪家寨警署(现改为派出所)的民警刘德勇和协警熊福海赶到丁德喜家

①资料引自:成都全搜索网,网址:http://news.chengdu.cn/content/2010-01/15/content_209524.htm。访问日:2012年5月14日。

时，陈家姐弟等人早已回到六盘水市区。而丁家兄弟希望借助民警，将这起家庭纠纷解决彻底，因此，他俩带着刘德勇、熊福海赶到丁发友家。

2006年5月19日晚8点多钟，刘德勇等4人赶到丁发友家。

对于这起并未造成严重后果的家庭纠纷，丁家兄弟何以闹到如此地步呢？丁发友解释说，他们兄弟之间的恩怨既久且深。

丁德喜夫妇共育有四个子女，老二丁发友的经济条件最好。丁发友称，大哥丁远斌曾数次跟他提及，将他的儿子送给他，但均被拒绝。

而弟弟丁远伦因与丁发友长相相似，顶替丁发友的身份在大河矿上班。丁发友原是大河矿的正式职工，20世纪90年代末期，他离开大河矿，在城区开"摩的"，养猪喂鸡。那时，丁远伦无业，还有两个子女需要抚养，因此，丁发友同意丁远伦顶替了他的身份。

丁远伦曾数次建议二嫂陈红将"丁远伦"的户籍迁到市区，而将丁发友的户籍留在大河矿。一次，在给母亲祝寿时，丁远伦还对陈红说，如果二哥"出事了"，就取消"丁远伦"的户籍，留下"丁发友"的户籍。陈红称，因为怕影响工作，丁远伦甚至不同意丁发友为小女儿上户口。

因为这些恩怨，丁发友认为，丁远斌、丁远伦带着警察去他家想置他于死地。

刘德勇等人最初敲响的是房客曹江的房门(丁发友家楼房除在二楼留下4间自住外，其余全部出租)，曹江正和另一名房客谌明学在房间里看电视。事后，他们在警方调查和律师询问时均称，当时，警察态度很凶地问他们老板娘在不在家。

刘德勇等人又开始拍打丁发友家的铁门。这道铁门把主人和房客们隔开了。当时，丁发友、陈红等人都在距离他家300米远的"七品火锅店"吃饭。只有陈琴带着陈红1岁多的女儿在家。

陈琴开门时，刘德勇问："你是谁？"

陈琴自称是保姆，但站在身后的丁远斌说："她是丁发友的小姨妹，下午也去我家闹事的"。陈琴和丁远斌兄弟遂发生了口角。

之后的关键细节，当事人和目击证人在事后接受警方调查时多有分歧。

陈琴称，刘德勇在未出具任何手续的情况下，下令进屋搜查，但被陈琴阻拦。刘德勇抬手打了陈琴一记耳光说道："凭我这身警服还要搜查证？"

当时已是晚上8点多钟，所有租客都已回到出租房，且因为警察动静太大，几乎所有人都站在门外看。租客们在事后接受警方调查及接受本报记者采访时均称，他们看到警察在门口打了陈琴。

而唯有刘德勇和丁远斌、丁远伦的询问笔录显示，他们并没打陈琴。丁远斌和丁远伦的证词称，他们看到室内没有其他人，准备离开，这时，陈琴用右手抠自己的鼻子而出血，然后打电话给丁发友称，警察打人了。

但是租客们均称，警察在打人之后，还将陈琴拖进丁家，至于室内发生了什么，他们没有看见，但听见陈琴大喊救命。

丁发友的家，租住了很多房客，很多人都作证曾目睹陈琴在门口被民警打耳光及拖入房间。

事后，陈琴对警方所做的讯问笔录的原文显示：

戴眼镜的警察（即刘德勇）说："这小贱人嘴还硬，拉进去把她废了"。说完他就走到我身边揪住我后脑上的头发，将我的头往客厅的墙上撞了几下，然后他说："把这个小贱人废了。"之后，另一警察（即协警熊福海）就走到我身边和他一起一人一只手，将我往我姐卧室里拖。拖进屋后，一人撑住我的一只手，将我撑躺在床上，我使劲地扳就扳到地上，大喊救命。两名警察又将我拖到床上，我喊救命，戴眼镜的警察就用手捂住我的嘴，又用手扇了（我）右脸两耳光，右鼻孔流血，我用手去捂鼻子时，丁老大就抬起我的双腿，将我的外裤迅速脱下，放在地上，又将我被脱至膝盖处的短裤脱下，将他的外裤内裤脱至脚踝，趴在我身上。狗大叫，丁老大说，这样怕不行，我们干脆走了。戴眼镜的警察说，"大不了他来我一枪崩了他"。说完，丁老大爬起来，将他的裤子穿好。两个警察就往外走，丁老大、丁老四走在后面，丁老四趁我还在穿裤子时摸了我双乳后才出去。

她说，丁远斌等人对她实施强奸时，她还看到丁远伦在翻抽屉。陈红则称，她回家后发现，家里丢了6万元钱和一对金耳环、一只金项链，并立即报警。

但2006年7月5日，由六盘水市公安局刑侦支队、督察支队和六盘水市钟山区检察院做出的联合调查结论显示，调查组只采信了和陈琴有直接利害关系的刘德勇、丁远斌、丁远伦的证词。

调查结论称，"调查组反复对刘德勇本人进行询问，并对现场目击证人熊福海、丁远伦、丁远斌的调查，均没有证据证明刘德勇等人殴打陈琴"。"调查组认真全面调查，并对陈琴下腹部及右大腿外侧伤痕进行检验，其受力方向是由下至上，跟陈琴所述暴力方向相反，同时根据现场目击者在场证词，此控告无证据支持"。

几年来，丁发友、陈红等人不服调查结论，不断上访，六盘水市公安局、贵州省公安厅多次做出复查意见，均维持原调查结论。

2009年10月18日，本报记者从警方提供的现场勘察照片中发现，事发后，调查组在进入丁家勘察时，抽屉是被打开的。

还有照片显示，陈琴嘴角严重破裂，右胸部、下腹部、右大腿外侧等处都有明显的且面积较大的伤痕。丁家门口地板砖上有三滴血，右侧卧室床单上有一块20×10平方厘米的血迹。床单被警方带走，至今未归还。

在调查答复和之后的数次调查结论中，对陈琴嘴角和右胸部的伤痕、床单上的血、打开的抽屉均未做片言只语的解释。

而上述现场勘察资料是调查组于2006年5月19日23时到5月20日10时所做。在事发后至警方勘察前，无人进入丁家。

命案发生后，陈琴跟随陈军去了医院，丁发友被警方带到红岩警署做询问笔录。“我做完询问笔录后就往家走，在走到巷道时，看到警察在现场勘察，当时有警察(后来得知是六盘水市公安局刑侦支队政委沙征凯)问，谁是丁老二，我说我是。然后，他就让我带着他到我家去勘查。”丁发友回忆说。

丁称，这是事发后他第一次回家，他看到家里十分凌乱，地上、床单上都有血，沙征凯疑惑地问，陈军是在房间里被打死的吗？丁发友回答，这些血是陈琴的。在沙征凯做完现场勘察之后，陈琴、陈红等人才回到丁家，之前他们将死去的陈军从医院送往殡仪馆。

根据丁家房客们的笔录：刘德勇等人进入丁家，好几分钟后才出来，之后就看到陈琴背着1岁的外甥女、满脸是血地跟着刘德勇，一路问他，为什么打人。

陈琴则称，刘德勇等人出去后，她穿好衣服，给丁发友打了个电话称，你兄弟带人进屋打人了，之后便背着外甥女跟着刘德勇。

因此，如果调查组结论正确，那么，陈琴必须在极短的时间内迅速做出以抢劫和强奸两项罪名来诬陷刘德勇等人的决定，在打电话通知丁发友的同时，打开抽屉、抓伤自己的三个部位、把鼻子抠出血，并将血散在床单上，制造出完整的证据链。然后背着外甥女跟上刘德勇。

“我现在还是个大姑娘，我会撒谎说别人强奸我吗？”10月16日，只有小学文化的陈琴在接受本报记者采访时反问道。

她称至今保存着当初被撕烂的衣服和带血的乳罩，但因不相信以当地警方为主的调查组，因此从未提供给办案警方。

2006年5月19日晚8点多钟，丁发友在“七品火锅店”吃饭时接到陈琴电话，于是开着摩托车首先往家赶，在巷子里，他看到陈琴满脸是血地跟着刘德勇等人。

他先将摩托车在自家院子里停好后，再返回，此时，刘德勇、陈琴等人距离丁家仅20米。事后，调查组在现场勘察时，于此处发现第一枚弹壳。

丁发友问陈琴："是谁打你？"

陈琴说："这个警察（指刘德勇）。"

之后，陈琴等4人推搡刘德勇致其摔倒，刘爬起来后掏出了手枪称，"闲杂人等让开。"然后朝天鸣枪示警。此时，丁发友和丁远伦扭打在一起。

刘鸣枪后，提着枪沿着巷子往下跑，这时，陈军迎面赶到。

据陈军生前多名在场的朋友回忆，丁发友开着摩托车离开火锅店后，其他人也先后步行赶往现场，陈军走在最前面，因为知道是打架，所以有人手上提着未开启的啤酒瓶，还有两人拿着木棒。

但是他们赶到现场后，发现有警察，都先后将啤酒和木棒扔在地上。

陈军生前朋友龙德洪在接受警方讯问时说，他刚跑进巷子30米远处，就听到第一声枪响，又往里走大约10米远，就看见陈军指着警察在说什么，陈超、苏健、苏刚、龙文站在旁边，接着，陈军、陈超扑上去打警察，陈军和警察厮打过程中，就听见一声枪响，陈军倒在地上，警察提着枪从他身边跑过去，后面还听见啤酒瓶砸过来。

苏军在接受警方讯问笔录时说，当时，他和龙德朝、龙德洪站在距离刘德勇、陈军一丈远的地方，龙文、苏健、苏刚站在陈军、陈超两兄弟的两边围着，距离他们约1.5米远，都没拿东西。

陈军这些朋友的说法和刘德勇的说法十分接近。

刘德勇在2006年5月29日（10点30分到12点）接受警方讯问笔录时称：

我看到三四个人跑上来，前面的那个人提着一把刀，随后跟着几个提着棍棒之类的东西，他们几个围着我们不让我们走，我叫熊福海去打110，我和丁家两兄弟和他们僵持着，陈琴就上去撕扯。我当时担心混乱中他们用刀杀我，就把枪拔出来，没上膛，我看见周围围观的人好多，就喊："闲杂人等闪开。"人群散开了，但还有五六个人围着。这时，陈琴上来撕扯，把我推倒在地，围的那几个人也冲上来要打我，我快速爬起来，退了两三米，就把枪拉上膛，开了第一枪。随后，我看见丁家两兄弟去拦冲上来的这帮人，但有一个人没拦住，同时，后面的人也有人用砖头来打我右肩部，冲上来的这个小伙子伸手推我一把，我就往后退，他接着追上来，抓住我的右手腕，抢枪，我喊放开放开，他不放开，接着枪就响了。

这些讯问笔录显示，刘德勇在无意识状态下开了第二枪。

之后，刘德勇提着枪跑到街上打的士赶到六盘水市公安局报案说明情况。而陈军家属及围观人群则打电话报120，组织抢救。

“这表明警察存在失职行为，警察在开枪打伤人后，有组织施救的义务。”一位不愿透露姓名的警务人员说。

他认为，陈军对他自己的死也负有很大的责任，因为“他明知警察手上有枪，就不应该采用这种方式维权，他可以报警，或者围住他，不让他走，但绝对禁止用扭打、抢枪的方式维权。因为对于警察来说，保护枪支是非常重要的事情，如果枪支被抢，则可能产生更大的社会危害”。

家属认为是警察故意杀人，联合调查组的结论却是“正当防卫”。

第二声枪响时，丁发友站在第一枪位置，两者相距20米，而且中间有一个较大的拐弯，又是夜晚，只能借助人家的灯光才可以模糊看到刘德勇和陈军两人退到一处墙角。

丁发友称，陈军什么话也没说，手上没有任何动作，刘德勇却用枪指着他的胸口，逼着他倒退十几米，然后开枪打死陈军。

陈军家属认为，刘是故意杀人。

但2006年7月5日，由六盘水市公安局和六盘水市钟山区人民检察院组成的联合调查组的调查答复称，刘在执行公务过程中，遭到死者陈军等人的围攻，并被殴打。刘鸣枪示警后，陈军仍对刘德勇进行殴打，陈军在抢夺刘德勇枪支过程中造成枪支击发，击伤陈军，经医院抢救无效于当日死亡。经调查刘德勇的行为是正当防卫，对陈军的死不负责任。

本报记者在翻查2006年5月19日23时到20日10时“5·19”事件联合调查组的现场勘察笔录中发现，相距第二枚弹壳1米处，有一枚警用衣服纽扣，是刘德勇警服左衣袖上的纽扣，距陈军中弹10米处，有两个砸碎的“山城啤酒”酒瓶瓶颈。瓶盖未开启。而刘德勇受伤照片显示，刘德勇仅肩背部有一处不明显的红晕，经当地医院检验诊断，刘德勇肩背部软组织挫伤。

陈军家属不服联合调查组做出的结论。

而既然公安部门认定刘德勇的行为不构成犯罪，就不必将案件移交给检察院公诉。丁发友去法院起诉时，法院也以刘德勇无罪而不予立案。陈军家人于是走上漫漫上访路。

针对丁发友、陈红等人的上访，六盘水市公安局等部门做过两次复查，

2007年12月29日,贵州省公安厅也做出复查意见,均称,刘德勇属于正当防卫。

补充的理由是,公安部公物证签字【2006】2508号物证检验报告显示,经检验,陈军右手附着物中检出少量含Pb元素的颗粒,左手附着物中未检出含射击残留物特征元素的颗粒,陈军衬衫衣袖上附着物中检出含射击残留物元素的颗粒。

因此调查机关认为,枪支是近距离击发。

又经调查机关鉴定,枪是呈46.3°角射击,"这说明枪在射击时,受到外力干扰,结合陈军衣袖和手上有弹药燃烧后的附着物,可以判断外力干扰来自陈军,从而证实刘德勇所述陈军夺枪事实客观存在"。

2008年4月3日,丁发友再次向贵州省人民检察院递交《对"5·19"事件重新调查的申请》。他认为,刘德勇是六盘水市汪家寨警署(派出所)的民警,办案人员却是由六盘水市公安局和钟山区检察院成立的联合调查组,其结论是否合法?

而且,《关于"5·19"事件的复查结论》中载明,2007年1月29日,由六盘水市政法委、市公安局、市检察院抽人组成"5·19"事件复查组,对该事件进行复查。但落款的印章却仅有六盘水市公安局。

因此,陈军家属认为当地公安有包庇刘德勇之嫌。

除了控告、申诉之外,丁发友、陈红继续进京上访,但多次被六盘水市驻京劝返工作组从北京强行接回来。

2007年8月13日,丁发友被带回六盘水市后,以涉嫌诬告罪(诬告刘德勇)被刑事拘留,关了20多天。之后,六盘水市人民政府劳动教养管理委员会立即决定对丁发友实行劳教一年,罪名是"扰乱工作秩序"。但这些案件和罪名之后都被撤销。

六盘水市劳动教养管理委员会、六盘水市公安局钟山分局分别对丁发友被错误羁押的141天进行赔偿。

"仅仅为了阻止丁发友上访,当地政府总共花费了70多万元。"六盘水市一位政府官员说。

六盘水地方政府多次派人进京将丁发友、陈红等人强行接回来,有派专车接回来的,有坐火车软卧回来的,也有坐飞机回来的。当地政府甚至曾派20多人轮班看守丁家整整两个月,限制其外出。

转机出现在2008年。

2008年，中央政法委将此案划为重点交办案件，因此，去年8月22日到31日，贵州省委政法委案件督查组，到六盘水调查此案。

案件督查组仅将原公安机关调查取证材料和六盘水市委政法委复查组调查核实材料综合考虑，就发现当地公安机关在取证过程中存在明显的问题：对陈琴是否被殴打没有进行调查；没有就刘德勇开枪情节对更多的现场目击证人进行调查；公安机关曾向公安部物证鉴定中心提供了由透明胶带粘取的陈军左右手附着物，但笔录上没有见证人签名；而且，对刘德勇的第一次调查是在案发后第十天进行的。

案件督查组复查意见认为，无法判断陈军抢枪，因为当地公安机关在调查时，未对枪支做指纹鉴定，“不采信刘德勇的抢枪说法”。同时，刘德勇不存在故意杀人或故意伤害陈军的主要要件，也不存在过失犯罪，但刘德勇开第二枪也不构成正当防卫，“也无证据证明，陈军等人的围攻达到相当严重的程度”。陈军死亡属于意外事件。是由于不能抗拒或不能预见的原因引起的。

案件督查组复查认定，事发当天，刘德勇要求进入丁发友家里搜查，当时，仅有陈琴带着一个1岁的外甥女在家，她要求刘出示搜查证，但刘没有，陈琴拒绝其进入，而刘等人还是强行进入丁家，并对陈琴殴打，致鼻子、嘴唇等处流血，受伤，随后离开。

因此，案件督察组建议，因刘德勇具有明显过错，应给与行政处分，调离公安队伍。

根据贵州省委政法委的意见，2009年2月19日，六盘水市公安局对丁发友、陈红、陈万祥做出公安机关复查信访事项答复意见书。对“民警刘德勇开枪打伤致死陈军事件”重新做了定性。“经复查，现答复如下：我局原作出该案定性不妥……将此案定性变更为意外事件”。

刘德勇被处以记大过的行政处罚，并从汪家寨警署调到六盘水市第二看守所。

一位不愿透露姓名的警务人员称，意外事件，是指警察在执行公务时，发生不能预见的伤害，双方都无过错，警方则要对死者进行经济赔偿，但不追究开枪警察的刑事责任。

如此定性，让办理该案的六盘水公安局的干警们觉得委屈。

“虽然我们明知这个案子是正当防卫，但是既然省委政法委做出这样的(意外事件)定性，我们也只好遵照。”六盘水市公安局副局长齐保平说。

齐称，这个定性对警察负面影响很大，尤其对干警正确使用枪支影响很大,"调动不了警察积极执法的主动性。"

因为被暴打,丁发友获得公安分局1万元赔偿。

陈军家属对"意外事件"的结论仍然不服,而且贵州省委政法委案件督查组并未对抢劫、强奸等行为进行调查,因此他们继续上访。

今年3月5日,丁发友又被六盘水驻京劝返工作组5人在北京找到。丁发友称,他不愿意跟他们一起回六盘水而被"打断了手臂"。

但是4月1日,六盘水市公安局答复称,丁发友不配合工作组的工作,并且有自伤自残"倾向",工作组为防止丁发友自伤自残,将丁发友强行带到和平苑宾馆。在宾馆里丁发友不听劝解,用头部撞击宾馆内的冰箱"想自残","被工作人员制止"。

这份答复意见书显示,丁发友没有成功自残,但丁发友自称"被打断"的右手臂至今仍弯曲着。

4月份,丁发友继续进京上访,一个多月后,又被六盘水驻京劝返工作组找到。

5月27日,丁发友跟着工作组人员一起返回六盘水,刚下火车时,就被十几个人架住,塞进车里,暴打一顿,并被抢走3000元钱和一部万事通手机。他们将丁发友拉到丁家附近,通知陈红来接,陈红看见丈夫满脸是血,便想打电话报警,但也被打了一顿。

对于这次打人行为,六盘水市相关部门在接受本报记者采访时承认确有其事:"大冷天的,兄弟们在火车站等了很久,心里都有气,所以把他打了一顿。他们都是民兵"。

9月29日,丁发友因此获得1万元钱赔偿。丁在领款用途说明中写道:钟山公安分局对张春等人将本人打伤的治疗费(含本人"丢失"的三千元钱及手机一部)。丁发友称,当时协调人员说,钱和手机只能说"丢失",不能说"被抢",否则无法赔偿。

自5月27日返回六盘水后,丁发友、陈红开始和有关方面谈判协商陈军死亡的民事赔偿事宜。因为上访了三年,丁家的钱也花光了,还借了高利贷。

9月29日,双方就赔偿金额最终达成协议。这一天,丁发友、陈红在六盘水市公安局填写了公安机关回访信访事项登记表,还分别在公安机关打印的承诺书上签名,并与六盘水市公安局钟山分局签订了《处理信访事项协议书》。

最终,由六盘水市公安局钟山分局一次性补偿陈军死亡补偿金人民币40万元,由钟山区汪家寨政府给予困难补助40万元。

陈军家属同时承诺，完全同意检察机关和公安机关对“5·19”案件定性为意外事件的结论，不再上访，不在各媒体及各网站反映相关情况，如违反，按骗取国家财物行为依法追究相关法律责任。

一位不愿出具姓名的警务人员称，这种协议实际上并不具有法律效力，但是在处理信访问题上，政府是弱势，只能用这种形式“吓唬”上访者，而且类似的做法在全国十分普遍。

北京交通大学法律系法学博士陶杨认为，该协议含有威胁意味，“不太妥当”。

在接受本报记者采访时，丁发友、陈红均称，对如此处理的结果并不满意，因为他们认为，刘德勇是故意杀人，应追究其刑事责任。但“如果不同意这个结果，也不知道将来结果会如何，而且陈军的遗体在殡仪馆已经存放了3年，应该让他早日入土为安”。

第二单元　法无授权,不得有权

——法治社会目标下的警察权

【精讲精析】

一、警匪一家?

社会上流传了这样一句话:“警匪一家”。还流传过这样一则笑话:有人遭抢劫,喊抢劫了,结果路人纷纷躲避;如果喊:警察打人了,则路人很快就围了过来看热闹。

我们先看看“警匪一家”,此话的含义不言而喻,之所以人们会如此评价警察,原因不外乎以下几个:1.个别警察的确在执法中简单粗暴;2.逼供用刑现象仍然存在;3.警察由于办案执法原因,比起其他行业的人来说,接触所谓的“土匪”更多、更普遍;4.不排除部分公民对警察职责的不理解,戴着有色眼镜等原因;5.有的媒体为了搏眼球不客观公正的报道。

那么受害者为了脱险而喊“警察打人了”以解自己的困境现象,原因有以下几点:1.警察当街打人的现象本身很少见,人们才稀罕;2.歹徒抢劫似乎是正常的,警察打人似乎是不正常的;3.真有歹徒行凶时喊“救命”,真正的歹徒会攻击见义勇为者,就算警察打人,但警察一般不会攻击见义勇为的人,所以看警察打人比看歹徒行凶安全;4.阻止歹徒行凶,歹徒会反抗,阻止警察打人,一般不会受到攻击,同样是表现自己的正义感,当然是在安全的情况下更好一些。

警察是国家的暴力机关,是依照法律维护国家安全、维护社会治安秩序和社会稳定、保护公民的人身安全和自由、保护公共财产和公民个人的合法财产、预防制止和惩治违法犯罪活动的专门机关。警察要完成法律赋予的以上任务,似乎离不开暴力,因为它本身就具有武装性质。但警察的暴力性和武装性质,其主要目的是为了“以暴制暴”从而实现国家赋予的任务。“以暴制暴”的前提是有“暴力”的存在,否则人民警察是不能对任何公民使用暴力。近些年,随着我国法治进程的不断深入，警察的执法规范化建设也取得了极大的进步，文明执法、规范执法、执法为民的意识得到了比较好的贯彻。但是，在警察队伍里还是有个别警察特权思想严重，法治观念不强，服务意识不到位，粗暴执法现象还时有发生。存在这些情况的确是一种遗憾，但是我们也要看到，目前在世界范围内，没有一个国家的警察不会出现类似事件。我们的最高目标是杜绝此类事件，但是这毕竟需要一个过程，这个过程是漫长的。

不过，普通公民应该知道，警察的职责是预防、制止违法犯罪，对于已经制服的违法犯罪人是不能使用暴力的，比如逼供、报复等都是法律所不容许的，是应该受到法律制裁的行为。

二、警察的正当防卫权

我国《刑法》第20条规定："为了使国家、公共利益、本人或者他人的人身、财产和其他权利免受正在进行的不法侵害，而采取的制止不法侵害的行为，对不法侵害人造成损害的，属于正当防卫，不负刑事责任。"这是一般意义上的正当防卫，任何公民都可以在符合条件的情况下实施正当防卫，警察当然也不例外。

警察在实施正当防卫的时候，其身份既是普通的公民，同时又是执法者，所以警察实施正当防卫既是他的权力，又是他的职责义务。可惜的是在《中华人民共和国治安管理处罚法》中，并没有规定正当性的防卫行为，以至于在实践中部分警察和公民就认为在治安案件中，公民和警察都没有正当防卫权利。其实根据法理，任何公民都可以对正在进行的不法侵害实施正当防卫；正当防卫不仅仅是针对自己的不法侵害，只要有不法侵害，哪怕是针对国家的、公共利益的甚至他人的，都可以实施正当防卫行为。因为刑法中关于正当防卫的"不法侵害"不仅仅包括犯罪行为，还包括违法行为。

在理解了警察的上述权力之外，有必要强调一下警察的管理权限。警察机关不仅仅是执法机关，同时它也是一个管理机关，肩负着很多的管理职能。比如，管理枪支弹药、管制刀具和易燃易爆等危险物品，管理集会、游行、示威活动，管理户政、国籍、入境出境事务，管理计算机信息系统安全等。那么，在警察行使这些管理事务过程中，公民应该积极配合，服从警察的管理。如果不服从警察的管理，造成一定的后果和恶劣影响的要承担法律责任。

随着社会的发展，警察的管理职能得到了不断地加强。不过，在当今社会警察的服务职能也逐渐凸显。我国公安机关警察的宗旨是全心全意为人民服务。

三、疾风知劲草,板荡识诚臣——警察为我们所付出的

在关注了警察的不法行为之后,我们不得不关注一下警察执法中遇袭的事件。据统计,我国每年有400多警察牺牲,3000多人次受伤;警察平均寿命48岁,其中交警为43岁。从以上数据我们可以看出,警察是高危职业之一。社会上有相当一部分人对警察有着一种偏见:警察的例行检查会认为是耍特权;交警上路疏导交通,检查车辆就认为是搞创收;警察办案没收违禁品会认为是私饱中囊......现实中,会有这样的事情发生,但毕竟是很少的部分,俗话说"一个老鼠坏了一锅汤"。目前在我国,警察由于种种原因还要进行很多的非警务活动,而这些活动在很大程度上是公民所不能接受的,这就是造成对警察印象不好的原因。"警民鱼水情"的时代似乎已经一去不复返了。

可是,当一个社会不理解和不配合警察的工作,受害的永远是普通的老百姓。安居乐业是绝大多数人所期望的,没有广大警察的辛勤守护,我们的生活会平安舒适吗?答案一定是否定的。

【典型案例】

案例一 公安机关超期羁押案①

被告人李建增,1995年8月至案发时任灵宝市公安局阳店派出所所长。因涉嫌犯非法拘禁罪于2003年3月13日被灵宝市人民检察院取保候审。同年5月9日解除取保候审,同日,灵宝市人民检察院对其做出不起诉决定。2003年7月22日,灵宝市人民检察院撤销不起诉决定。同年7月31日被灵宝市法院取保候审。

2002年9月1日,灵宝市公安局阳店派出所接群众报案,反映阳店镇西水头村发生聚众哄抢案件,阳店派出所安排警务区负责办理此案。并于2002年9月24日对犯罪嫌疑人建树谋依法刑事拘留。后由所长李建增交由民警郭建刚(以非法拘禁罪被判免予刑事处罚)具体承办此案。2002年9月30日,灵宝市公安局向灵宝市人民检察院提请批准逮捕建树谋。灵宝市人民检察院审查后

①资料引自:110法律咨询网,网址:http://www.110.com/ziliao/article-58440.html。访问日:2012年6月9日。

认为，建树谋聚众哄抢一案事实不清退回补查。灵宝市公安局补充侦查后再次报捕，2002年12月5日，灵宝市人民检察院做出不批准逮捕决定。

在接到不批准逮捕决定后，承办人郭建刚没有依法提出具体意见，向被告人李建增汇报。被告人李建增作为所长，没有依照《中华人民共和国刑事诉讼法》第六十九条第三款、第七十条的规定，责成承办人对建树谋依法立即释放或变更强制措施，而是先让给局里汇报。后又同意将建树谋报劳教，并于2002年12月26日向三门峡市劳动教养委员会呈请对建树谋劳动教养。2003年1月14日，建树谋劳动教养呈报未被批准。

次日，灵宝市人民检察院向灵宝市公安局发出《纠正违法通知书》，指出犯罪嫌疑人建树谋的刑事拘留羁押期限已超过了法定期限，应对其尽快报捕或变更强制措施。李建增接到灵宝市人民检察院《纠正违法通知书》后，于2月8日再次派承办人将案件送灵宝市人民检察院报捕。2月19日，灵宝市人民检察院未予批捕，将案卷退回。但李建增仍未将建树谋释放，直至3月6日，郭建刚被检察机关采取强制措施，建树谋才被释放。

检察院以李建增犯非法拘禁罪，向法院提起公诉，灵宝市人民法院于2003年8月19日以非法拘禁罪判处李建增有罪免予刑事处罚，李建增不服提出上诉，二审法院审理后认为事实不清，发回一审法院重审。

法院审理后认为，被告人李建增身为基层派出所所长，执行公务时，不能正确履行自己的工作职责，致使他人被超期羁押，非法剥夺了他人的人身自由，其行为已构成非法拘禁罪。公诉机关指控罪名成立，应予惩处。被告人李建增能够如实供述案件事实，且犯罪情节轻微，依照《中华人民共和国刑法》第二百三十八条第一、四款，第二十五条第一款，第三十七条之规定，判决被告人李建增犯非法拘禁罪，免予刑事处分。

宣判后，李建增不服，再次提出上诉，三门峡市中级人民法院驳回上诉，维持原判。

案例二　依法维权　澄清诬告[1]

2011年3月7日，兰州市公安局七里河分局信访室转来张某信件反映“刑警二中队队长刘东索要办案经费”的投诉。七里河公安分局领导极为重视，要求分局督察队针对张某反映的问题开展调查工作。

---

①资料引自：法制频道网，网址：http://fzzx.gansudaily.com.cn/system/2011/5/09/011983832_02.shtml。访问日：2012年6月10日。

经查,2002年2月4日,七里河公安分局刑警二中队接到张某报案:家中被盗现金5万元整。接报案后刑警二中队侦查员王鹏等人在勘查现场时询问张某,发现张某报被盗现金5万元不实,在对其子女进行询问时,其子对家中被盗事件表示怀疑,声称家中被盗一案系父亲张某为阻止其婚姻之事自编自导的闹剧。因张某对被盗一案态度坚决,七里河公安分局刑警二中队按照有关程序进行受理,时任七里河公安分局刑警二中队队长的刘东对张某不如实报案的问题进行了批评,但张某对其错误行为认识不够,多次到有关部门反映刑警二中队队长刘东向其索要办案经费的问题,分局多次调查核实刘东不存在向其索要办案经费的问题,并答复张某本人。2011年3月7日,张某又针对此问题向七里河公安分局信访室投诉,督察大队按照分局领导的要求开展调查,经查证落实:时任刑警二中队队长的刘东不存在向张某索要办案经费的问题,张某投诉刘东的主要原因是在案件办理过程中询问张某的收入情况,通过调查证明张某反映刘东收取办案经费的问题属诬告。为澄清事实,维护民警的合法权益,2011年3月16日,七里河公安分局督察大队向刘东下发《维权通知书》,给刘东同志予以正名。(案中警察人名为化名)

案例三　刑讯逼供打死人作假证　称其头撞茶几自杀①

2002年11月2日,被害人黄维清与同案人黄×虾(另案处理)因涉嫌诈骗被事主发现,事主在群众的协助下将二人抓获,移送派出所。同月4日,黄维清、黄×虾被刑事拘留,后一直羁押于北岸派出所羁留室。当日,被告人黄伟光、李翰宇被委派到北岸派出所协助办理此案。

同月9日晚上6时许,黄伟光(男,1975年1月13日出生,原系广东省化州市公安局属下化州市机动车辆技术管理服务中心〔事业〕干部)、李翰宇(男,1972年1月17日出生,原系广东省化州市公安局刑事警察大队机动中队政治指导员。)与几名亲友在化州市新世纪酒店吃饭、喝酒后,回北岸派出所二楼民警办公室接班审讯黄维清。其间,为逼取黄维清的口供,黄伟光持警棍殴打黄维清的背部。当晚8时许,李翰宇擅自离开该所。随后,黄伟光又用警棍击打、脚踩黄维清脚上的铁镣和踢打黄维清的头、胸、背和腿等部位以及将黄的头部撞向墙等手段,致黄倒地昏迷,后黄被送化州市人民医院抢救,于同月14日死亡。

事情发生后,化州市公安局有关人员为了掩盖事实真相集体串供作假,统

① 资料引自:中国共产党新闻网,网址:cpc.people.com.cn/GB/64093/64371/5837121.html。

一口径说黄维清是头撞茶几自杀。

被告人黄伟光的行为已构成故意伤害罪，被广州市中级人民法院一审判处无期徒刑，剥夺政治权利终身。被告人李翰宇身为司法工作人员，见他人的犯罪行为未加以制止，未尽职守，又擅离岗位，造成严重的危害后果，其行为已构成玩忽职守罪，被广州市中级人民法院一审判处有期徒刑两年。广东省高级人民法院驳回了两被告人的上诉。

【以案说法】

案例一　公安机关超期羁押案[①]

这起案件据称是全国第一起对超期羁押责任人提起公诉的刑事案件，引起了社会的诸多关注。在审理过程中，对于被告人李建增的行为定性存在着较大的分歧。

第一种意见认为被告人李建增构成非法拘禁罪。因为非法拘禁罪是指以拘、押、禁闭或者其他强制方法，非法剥夺他人人身自由的行为。在本案中被告人李建增身为基层派出所所长，在其收到检察机关不批准逮捕决定和纠正违法通知书后，不按照《刑诉法》第69条和第70条规定对建树谋予以释放或变更强制措施，致建树谋被非法关押3个月之久，其主观上存在故意，客观上侵犯了他人人身自由，其行为是完全符合非法拘禁罪的犯罪构成特征，应以非法拘禁罪定罪处罚。在刘家琛主编的《新刑法条文释义》中也认为"对拘留、逮捕的人，发现不应当拘留、逮捕时，仍不释放，拖延拘禁时间，情节严重的，对直接责任人也应以非法拘禁论处。"所以对李建增的行为应以非法拘禁罪论处。

第二种意见认为被告人李建增构成滥用职权罪。李建增身为国家机关工作人员，符合滥用职权罪主体特征，在收到不批准逮捕决定和纠正违法通知书后，客观方面表现为违反法律规定权限和程序，使用手中权力，非法关押他人，造成一定的社会影响，其主观上有故意，侵犯的客体实际上是司法机关的正常管理秩序，其行为完全符合滥用职权罪的犯罪构成特征，应以滥用职权罪追究其刑事责任。

第三种意见认为被告人李建增无罪。李建增的行为属职务行为，对建树

---

① 资料引自：110法律咨询网，网址：http://www.110.com/ziliao/article-58440.html。访问日：2012年6月9日。作者单位：河南省灵宝市人民法院。

谋的案件，李建增身为基层派出所所长，多次主动向公安局汇报过，造成建树谋被非法关押的后果责任不应由李建增承担。从另一方面讲，检察院发出的纠正违法通知书针对的是公安局，不是阳店派出所，作为派出所所长的被告人李建增也不应对此承担责任。另外，以前这种超期羁押的情况也比较普遍，长期以来存在着历史和认识上的各种原因。加之从造成的后果看，也达不到犯罪立案标准，所以应宣告被告人无罪。

笔者认为此案属于想象竞合犯。想象竞合是指行为人实施一个犯罪行为，其犯罪结果侵害两个或两个以上权益，触犯两个或两个以上罪名。也就是说李建增的行为既符合非法拘禁罪的构成要件也符合滥用职权罪的犯罪构成要件。对于想象竞合犯，处罚原则是“择一重处”，而非法拘禁罪的量刑与滥用职权罪的量刑基本相同，但从侵犯客体方面来说，笔者认为本案更应以滥用职权罪论处。

首先从侵犯客体上讲，李建增的行为侵犯的是双重客体，即不仅侵犯了建树谋的人身自由，同时也损害了国家机关的正常管理秩序。李建增身为派出所所长，在检察机关对建树谋案件做出不批准逮捕决定后，没有按照法律规定，将犯罪嫌疑人建树谋释放，而是先报劳教，在报劳教未被批准后，又接到检察机关的《纠正违法通知书》，却再次向检察院报捕，在不被批捕的情况下，仍不释放建树谋或对建树谋变更强制措施，致使建树谋被非法关押长达3个月。在整个过程中，李建增多次违反法律规定，使国家机关活动处于严重的混乱状态，其行为损害了国家机关的正常管理活动，是一种严重的渎职行为。从本案事实来看，犯罪嫌疑人建树谋被限制人身自由，在起初阶段是一种合法的拘禁，只是在检察机关做出不批准逮捕决定后，没有被及时释放或变更强制措施，才处于一种被非法关押的状态。这种非法拘禁是李建增等人滥用职权的必然结果或者必经过程，李建增的行为首先侵犯的是国家的正常管理秩序，然后才是建树谋的人身自由。显然，与侵犯公民的人身自由相比，此案侵犯国家机关的正常管理秩序的程度更为严重。从客体方面来说应按滥用职权罪对李建增予以惩处。

其次，李建增的行为已使国家和人民的利益遭受了重大损失。滥用职权的行为，只有致使公共财产、国家和人民利益遭受重大损失的，才构成犯罪。但是何谓“致使公共财产、国家和人民遭受重大损失”的？法律并没有规定具体的标准，实践中主要参考最高人民检察院1999年9月16日颁布的《人民检察院直接受理立案侦查案件立案标准的规定(试行)》，其中滥用职权罪的立案标准是"1.造成死亡1人以上，或者重伤2人以上，或者轻伤5人以上的，造成直接经济损失20万元以上的；3.造成有关公司、企业等单位停产，严重亏损破产的；4.严重损害国家声誉或者造成恶劣社会影响的；5.其他致使公共财产，国家和人民利益遭受重大损失的情形；6.徇私舞弊，且有上述情形之一的"，其中第4项"严重损害国家声誉或者造成恶劣社会影响的"也是构成滥用职权罪的情形之一。因此，并非造成财产损失或人身伤亡的才构成滥用职权罪，综合本案来看，李建增身为派出所所长，不严肃执法，迟迟不释放建树谋或是改变强制措施，特别是在检察机关已发出《纠正违法通知书》的情况下，仍不及时释放建树谋，致使建树谋被非法关押长达3个月之久，造成的影响不能不说是恶劣的，符合滥用职权罪的构成要件。

就在此案的审理过程中，最高人民法院、最高人民检察院、公安部2003年11月12日联合下发的《关于严格执行刑事诉讼法，切实纠防超期羁押的通知》中要求"本通知发布以后，凡违反刑事诉讼法和本通知的规定，造成犯罪嫌疑人、被告人超期羁押的，对于直接负责的主管人员和其他直接责任人员，由其所在单位或者上级主管机关依照有关规定予以行政或者纪律处分；造成犯罪嫌疑人、被告人超期羁押，情节严重的，对于直接负责的主管人员和其他直接责任人员，依照刑法第397条的规定，以玩忽职守罪或者滥用职权罪追究刑事责任，"根据《通知》精神，笔者也认为违反刑事诉讼法，造成犯罪嫌疑人，被告人超期羁押，情节严重的，应以滥用职权罪论处。

长期以来，类似的超期羁押的情况在实践中并不少见。究其原因，部分是因为司法工作人员在工作中重实体、轻程序，认识不到超期羁押的违法性及其危害性，疑罪从无的刑法原则还难以彻底贯彻。但是这种行为的危害性是巨大的，如果因为现象普遍而不对责任人予以追究，法律将失去其最根本的意义和作用。作为全国首起对超期羁押责任人追究刑事责任的案件，此案具有深远的警示意义。

案例二　依法维权澄清诬告

警察在执法过程中，其权利常常被侵害。就甘肃省而言，自2003年以来，就有65名公安民警因公牺牲、700多名民警受到不同程度的伤害。此外，侮辱、谩骂、威胁、诬告民警的事件，更是大量存在。因此有警察自嘲：警察成了社会上的"弱势群体"。

当一个社会警察的权利得不到保障，警察就会的执法过程中缩手缩脚。

比如,由于我国对警察使用枪支有严格的限制,丢失枪支、滥用枪支都会得到比较严厉的处罚,所以警察单位对配备枪支有着严格的限制,就算有警察配备了枪支也很少佩戴,就怕出现问题而有麻烦。再比如,我国警察下班以后,基本上都不愿意穿警服,其原因也就是怕遇见突发事件而自己又无能为力时的尴尬及后果,有相当数量的警察在工作之外是“明哲保身”。究其原因,主要还是我国关于警察维权的制度不健全,一旦警察有什么问题就成了社会上的众矢之的,往往会得到甚至比法律规定的责任要重的惩罚。在这种情况下,我们有理由相信:我们的权利得到的保护也会越来越少。

案例三　刑讯逼供打死人作假证称其头撞茶几自杀

警察办案首要义务是依法办案。由于我国长期以来在《刑事诉讼法》中没有规定“无罪推定”原则,尽管1996年修改时规定了“未经人民法院依法判决,对任何人都不得确定有罪”的原则,但是这个原则和无罪推定原则还是有一定的区别。在历史上,我国一直实施的是“有罪推定”的思想,这种思想的影响一直延续到了现在。警察一旦确定某人是嫌疑人以后,就把侦查的重点放在了审讯犯罪嫌疑人身上,加之我国的《刑事诉讼法》并没有规定讯问犯罪嫌疑人时律师在场制度,所以审讯犯罪嫌疑人就成了无人监督的死角,逼供现象十分普遍。尽管刑诉法也规定了“严禁刑讯逼供”,逼供后获得的证据要予以排除;刑法也规定了刑讯逼供罪,但还是无法杜绝刑讯逼供现象。遗憾的是,2012年刑诉法的修改,也没能把讯问犯罪嫌疑人时律师在场制度写进去。

【法条链接】

中华人民共和国警察法

第二十条　人民警察必须做到:

(一)秉公执法,办事公道;

(二)模范遵守社会公德;

(三)礼貌待人,文明执勤;

(四)尊重人民群众的风俗习惯。

第二十一条　人民警察遇到公民人身、财产安全受到侵犯或者处于其他危难情形,应当立即救助;对公民提出解决纠纷的要求,应当给予帮助;对公民的报警案件，应当及时查处。

人民警察应当积极参加抢险救灾和社会公益工作。

第二十二条　人民警察不得有下列行为：

（一）散布有损国家声誉的言论，参加非法组织，参加旨在反对国家的集会、游行、示威等活动，参加罢工；

（二）泄露国家秘密、警务工作秘密；

（三）弄虚作假，隐瞒案情，包庇、纵容违法犯罪活动；

（四）刑讯逼供或者体罚、虐待人犯；

（五）非法剥夺、限制他人人身自由，非法搜查他人的身体、物品、住所或者场所；

（六）敲诈勒索或者索取、收受贿赂；

（七）殴打他人或者唆使他人打人；

（八）违法实施处罚或者收取费用；

（九）接受当事人及其代理人的请客送礼；

（十）从事营利性的经营活动或者受雇于任何个人或者组织；

（十一）玩忽职守，不履行法定义务；

（十二）其他违法乱纪的行为。

第三十五条　拒绝或者阻碍人民警察依法执行职务，有下列行为之一的，给予治安管理处罚：

（一）公然侮辱正在执行职务的人民警察的；

（二）阻碍人民警察调查取证的；

（三）拒绝或者阻碍人民警察执行追捕、搜查、救险等任务进入有关住所、场所的；

（四）对执行救人、救险、追捕、警卫等紧急任务的警车故意设置障碍的；

（五）有拒绝或者阻碍人民警察执行职务的其他行为的。

以暴力、威胁方法实施前款规定的行为，构成犯罪的，依法追究刑事责任。

中华人民共和国刑法

第二十条　为了使国家、公共利益、本人或者他人的人身、财产和其他权利免受正在进行的不法侵害，而采取的制止不法侵害的行为，对不法侵害人造成损害的，属于正当防卫，不负刑事责任。

正当防卫明显超过必要限度造成重大损害的，应当负刑事责任，但是应当减轻或者免除处罚。

对正在进行行凶、杀人、抢劫、强奸、绑架以及其他严重危及人身安全的暴力犯罪,采取防卫行为,造成不法侵害人伤亡的,不属于防卫过当,不负刑事责任。

中华人民共和国刑事诉讼法

第五十三条 对一切案件的判处都要重证据,重调查研究,不轻信口供。只有被告人供述,没有其他证据的,不能认定被告人有罪和处以刑罚;没有被告人供述,证据确实、充分的,可以认定被告人有罪和处以刑罚。

证据确实、充分,应当符合以下条件:

(一)定罪量刑的事实都有证据证明;

(二)据以定案的证据均经法定程序查证属实;

(三)综合全案证据,对所认定事实已排除合理怀疑。

第五十四条 采用刑讯逼供等非法方法收集的犯罪嫌疑人、被告人供述和采用暴力、威胁等非法方法收集的证人证言、被害人陈述,应当予以排除。收集物证、书证不符合法定程序,可能严重影响司法公正的,应当予以补正或者做出合理解释;不能补正或者做出合理解释的,对该证据应当予以排除。

在侦查、审查起诉、审判时发现有应当排除的证据的,应当依法予以排除,不得作为起诉意见、起诉决定和判决的依据。

第五十五条 人民检察院接到报案、控告、举报或者发现侦查人员以非法方法收集证据的,应当进行调查核实。对于确有以非法方法收集证据情形的,应当提出纠正意见;构成犯罪的,依法追究刑事责任。

第五十六条 法庭审理过程中,审判人员认为可能存在本法第五十四条规定的以非法方法收集证据情形的,应当对证据收集的合法性进行法庭调查。

当事人及其辩护人、诉讼代理人有权申请人民法院对以非法方法收集的证据依法予以排除。申请排除以非法方法收集的证据的,应当提供相关线索或者材料。

第五十七条 在对证据收集的合法性进行法庭调查的过程中,人民检察院应当对证据收集的合法性加以证明。

现有证据材料不能证明证据收集的合法性的,人民检察院可以提请人民法院通知有关侦查人员或者其他人员出庭说明情况;人民法院可以通知有关侦查人员或者其他人员出庭说明情况。有关侦查人员或者其他人员也可以要求出庭说明情况。经人民法院通知,有关人员应当出庭。

人民警察使用警械和武器条例

第七条　人民警察遇有下列情形之一，经警告无效的，可以使用警棍、催泪弹、高压水枪、特种防暴枪等驱逐性、制服性警械：

（一）结伙斗殴、殴打他人、寻衅滋事、侮辱妇女或者进行其他流氓活动的；

（二）聚众扰乱车站、码头、民用航空站、运动场等公共场所秩序的；

（三）非法举行集会、游行、示威的；

（四）强行冲越人民警察为履行职责设置的警戒线的；

（五）以暴力方法抗拒或者阻碍人民警察依法履行职责的；

（六）袭击人民警察的；

（七）危害公共安全、社会秩序和公民人身安全的其他行为，需要当场制止的；

（八）法律、行政法规规定可以使用警械的其他情形。

人民警察依照前款规定使用警械，应当以制止违法犯罪行为为限度；

当违法犯罪行为得到制止时，应当立即停止使用。

第八条 人民警察依法执行下列任务，遇有违法犯罪分子可能脱逃、行凶、自杀、自伤或者有其他危险行为的，可以使用手铐、脚镣、警绳等约束性警械：

（一）抓获违法犯罪分子或者犯罪重大嫌疑人的；

（二）执行逮捕、拘留、看押、押解、审讯、拘传、强制传唤的；

（三）法律、行政法规规定可以使用警械的其他情形。

人民警察依照前款规定使用警械，不得故意造成人身伤害。

第九条　人民警察判明有下列暴力犯罪行为的紧急情形之一，经警告无效的，可以使用武器：

（一）放火、决水、爆炸等严重危害公共安全的；

（二）劫持航空器、船舰、火车、机动车或者驾驶车、船等机动交通工具，故意危害公共安全的；

（三）抢夺、抢劫枪支弹药、爆炸、剧毒等危险物品，严重危害公共安全的；

（四）使用枪支、爆炸、剧毒等危险物品实施犯罪或者以使用枪支、爆炸、剧毒等危险物品相威胁实施犯罪的；

（五）破坏军事、通讯、交通、能源、防险等重要设施，足以对公共安全造成严重、紧迫危险的；

（六）实施凶杀、劫持人质等暴力行为，危及公民生命安全的；

（七）国家规定的警卫、守卫、警戒的对象和目标受到暴力袭击、破坏或者有受到暴力袭击、破坏的紧迫危险的；

（八）结伙抢劫或者持械抢劫公私财物的；

（九）聚众械斗、暴乱等严重破坏社会治安秩序，用其他方法不能制止的；

（十）以暴力方法抗拒或者阻碍人民警察依法履行职责或者暴力袭击人民警察，危及人民警察生命安全的；

（十一）在押人犯、罪犯聚众骚乱、暴乱、行凶或者脱逃的；

（十二）劫夺在押人犯、罪犯的；

（十三）实施放火、决水、爆炸、凶杀、抢劫或者其他严重暴力犯罪行为后拒捕、逃跑的；

（十四）犯罪分子携带枪支、爆炸、剧毒等危险物品拒捕、逃跑的；

（十五）法律、行政法规规定可以使用武器的其他情形。

人民警察依照前款规定使用武器，来不及警告或者警告后可能导致更为严重危害后果的，可以直接使用武器。

第十条 人民警察遇有下列情形之一的，不得使用武器：

（一）发现实施犯罪的人为怀孕妇女、儿童的，但是使用枪支、爆炸、剧毒等危险物品实施暴力犯罪的除外；

（二）犯罪分子处于群众聚集的场所或者存放大量易燃、易爆、剧毒、放射性等危险物品的场所的，但是不使用武器予以制止，将发生更为严重危害后果的除外。

第十一条 人民警察遇有下列情形之一的，应当立即停止使用武器：

（一）犯罪分子停止实施犯罪，服从人民警察命令的；

（二）犯罪分子失去继续实施犯罪能力的。

第十二条 人民警察使用武器造成犯罪分子或者无辜人员伤亡的，应当及时抢救受伤人员，保护现场，并立即向当地公安机关或者该人民警察所属机关报告。

当地公安机关或者该人民警察所属机关接到报告后，应当及时进行勘验、调查，并及时通知当地人民检察院。

当地公安机关或者该人民警察所属机关应当将犯罪分子或者无辜人员的伤亡情况，及时通知其家属或者其所在单位。

第十三条 人民警察使用武器的，应当将使用武器的情况如实向所属机关书面报告。

【扩展阅读】

一、杜培武错案的前前后后[①]

令人震惊的杨天勇劫车杀人团伙案的告破,使一起罕见的错案——杜培武案终于水落石出。2000年7月11日,蒙冤受屈26个月的杜培武被无罪释放。他的亲人、他的律师、他原来所在单位的领导、昆明市公安局的有关领导,一起到监狱来接他回家。死者分别是杜培武的妻子和同学,不是杜培武杀死还有谁呢?——错案就在这样的推理下"合理"地发生了。

1998年4月22日,昆明警方从停放在圆西路人行道上的一辆昌河面包车内,发现一男一女被枪杀在车内,身上钱物被洗劫一空。经查,男的叫王俊波,是石林彝族自治县(原路南县)公安局副局长;女的叫王晓湘,是昆明市公安局通讯处民警。两名公安干警被枪杀,案情重大。很快,昆明市公安局成立了由市公安局刑侦支队、通讯处、戒毒所、五华公安分局、原路南县公安局有关人员组成的专案组,定名为"4.22"专案组。

经专案组进一步调查发现,"二王"是被人用王俊波当时所持的"七·七"式手枪枪杀,案发后该枪下落不明。专案组通过一系列的调查工作,死者王晓湘的丈夫、昆明市公安局戒毒所民警杜培武最先进入专案组的视线。专案组传讯了杜培武,但杜坚决否认。之后,专案组又扩大视线,围绕杀人抛尸现场走访了数百名群众,查证了上万条信息线索,在确定了一个又一个的嫌疑人后,经查证后又一个一个地排除了。与此同时,专案组又对现场进行勘察分析,研究案情,并对杜培武进行了一系列的鉴定、测试、检测,均不否认杜培武作案的可能。自此,杜培武被确定为"4.22"专案的重大嫌疑人。但杜培武对此一直拒不承认。

1998年7月2日,专案组邀请昆明市检察院有关人员一起研究对杜培武采取强制措施。当晚8时,专案组对杜培武宣布刑事拘留。

两天后,杜培武开始"交代问题",每次均向专案组陈述基本一致的"作案经过",但对杀害"二王"所用的"七·七"式手枪及"二王"身上的物品去向"交代"不明,案情进展缓慢。

---

① 资料引自:人民网,网址:http://unn.people.com.cn/GB/channel23/176/842/200011/08/6165.html。访问日:2012年5月14日。

7月19日，专案组又一次邀请了市检察院有关人员，带杜培武“指认”现场。

7月26日，昆明市公安局直属分局以杜培武涉嫌故意杀人罪向市检察院提请批准逮捕，市检察院在依法审讯杜培武时，杜推翻了原来的供述，诉说以前的供述是侦查部门刑讯逼供的结果，并指着手上的疤痕称是被侦查部门用烟头烫伤的。针对这一情况，批捕处即找专案组了解是否有过刑讯逼供，办案人员称杜手上的疤痕是戴手铐形成的，对杜没有刑讯逼供，并提供了审讯杜培武的录像带和杜亲笔书写的供述材料给检察院审查。

7月31日，市检察院以杜培武涉嫌故意杀人罪正式批准逮捕。10月20日，市检察院决定将该案起诉到昆明市中级人民法院。

昆明市中级人民法院受理后，于1998年12月17日和1999年1月15日两次开庭审理了本案，并于1999年2月5日以杜培武犯故意杀人罪，判处死刑，剥夺政治权利终身。宣判后，杜培武不服，以“没有杀人，公安刑讯逼供，事实不清，证据不足”为由向云南省高级人民法院提出上诉。

省高级人民法院在审理该案后，提出了对公诉机关在一审庭审中指控并经一审确认的鉴定证据和杜本人的亲笔供述等证据中的取证问题、鉴定时间问题、刑讯逼供问题、作案时间、作案动机等方面的问题和疑点。认为该案的主要证据是真实的，但存在的疑点不能排除，于1999年11月12日留有余地地将杜降格判处死刑，缓期二年执行。判决后，将杜培武投入监狱改造。

转眼，半年多时间过去了。2000年6月14日，昆明警方在开展侦破会战中，一举破获了杨天勇劫车杀人团伙案，59小时抓获这个团伙的7名犯罪嫌疑人。在他们所交代的一件件惊天大案中，也包括了在海埂杀害抢劫两名警察的案件。据案犯交代，1998年4月的一天晚上8时左右，杨天勇、杨明才、滕典东携带一支“五·四”式手枪及两副手铐，由滕典东驾驶一辆白色长安微型车到海埂路民族村旁，准备以抓卖淫嫖娼敲诈钱财。他们从一条岔路进去，看见一块大空场中央有一辆昌河微型车停在那里，3人即将车停在路边步行过去。走近车后，杨天勇敲敲车门，车内的人打开了玻璃窗，杨天勇掏出“五·四”式手枪说：“我们是缉毒队的，请你们出示证件接受检查。”车门打开后，3人用手电照，见车内有一男一女。男的拿出证件给杨天勇看，杨叫滕典东把男的左手铐在车门上方扶手上，杨明才将女的手铐在一起，杨天勇问男的是否带有武器，男的答带着。杨叫其交出，男的从后腰上取出一支“七·七”式手枪交给杨天勇，杨接过后上了膛，并把自己带着的“五·四”式手枪拿给杨明才。女的提出要看杨天勇的证件，杨拿出证件给她看，女的看后问：“你是派出所的？你叫杨天勇?”杨天勇二话不说,蹲在驾驶座位上用刚抢劫的“七·七”式手枪先后朝二人的心脏部位各开了一枪,二人当即中弹身亡。接着杨天勇叫杨明才搜身,搜到手机两部,中文传呼机两台,以及工作证、驾驶证、市公安局出入证等物品。从证件上他们得知,男的叫王俊波,是原路南县公安局副局长;女的叫王晓湘,市公安局通讯处民警。搜完物品后,杨天勇怕二人不死,又叫杨明才用扳手对二人的面部、口进行猛击。确信二人已死后,杨天勇用昌河车拉着二人的尸体,杨明才坐副驾驶位,滕典东驾长安车尾随,沿滇池路经环城西路、12·1大街到圆西路将昌河车开上人行道,之后用抹布将车内玻璃、物品擦拭后,坐长安车回8公里住处。

根据3名犯罪嫌疑人的交代,公安机关在杨天勇的住处搜出“七·七”式手枪一支,弹匣2个。经鉴定,该枪就是王俊波所配的被用枪杀“二王”的枪支。此外,还查获王俊波微型录音机一台。经查证王俊波原购物发票上记载的录音机与查获的录音机机身号完全一致。至此,杀害王俊波、王晓湘的凶手基本认定就是杨天勇、杨明才、滕典东3人。这就意味着原来办的杜培武杀人案是一桩错案!

二、抓错了人,警察被“讹”案[①]

被警察错抓了8分钟,就连续8小时不让打开手铐,否则要“当场碰死”,接着要赔偿,要上访,要登报。派出所只好向媒体求助,“讨个说法”。这发生在陕西省西安市的一幕发人思索。

错抓与嫌犯同名同姓的人

“我们今日在处理一起盗窃案时,错抓了一名与疑犯同名同姓的人……现在想请记者帮助。”8月21日23时30分,华商报新闻热线接到了一个少见的求助电话,求助者是西安市公安局临潼分局西泉派出所所长徐军山。

8月22日上午,临潼公安分局监察科科长张有信给记者介绍了事情经过:西泉派出所从一名在押人员白某那里得知,白曾有一个作案同伙,叫李鸣,尚未落网。

20日上午,白某按警方部署,给西安市阎良区某单位职工李鸣打电话:“我们曾在一块吃过饭,你还记得吗?”次日又打电话给李鸣,假称有两部“黑手机”,让帮着卖。

①资料引自:山东警察学院网,网址:http://www.sdpc.edu.cn/jpkc/jcxyl/ShowProductsz.asp?id=108。访问日:2012年5月6日。

在阎良区一闹市区电话亭内,白某对前来"看手机"的李鸣暗中辨认了三次后,警察们迅速将这个李鸣押上警车。

"为了防止他逃跑,我们给他上了'背铐'。"西泉派出所所长徐军山说。

戏剧性的一幕发生了。李鸣在车上才过了8分钟,就被白某从口音中辨出——抓错了人,此李鸣非彼李鸣,一个单位有俩李鸣!此时车还没有驶出阎良城区,警察们当即就商量要给李鸣打开手铐并道歉。

更戏剧性的一幕是——李鸣居然拒绝打开手铐。徐军山说,虽然在押人员指认错了,公安机关仍负有不可推卸的责任。

8小时不让开铐 索赔7万

警车载着李鸣驶进了西泉派出所,所长徐军山赶紧给李鸣道歉,但李鸣提出三点要求,否则不让开手铐:第一,在媒体上公开道歉,恢复名誉;第二,赔偿精神损害;第三,赔偿名誉损失。

他提了两个数字——2万元精神损害费和5万元名誉损失费。

"当时所里只有300元钱的现金,这是个新建的派出所,目前还欠外债数十万元钱呢。"徐军山心中叫苦。处理不了如此奇特事件的徐所长只好层层上报。临潼公安分局值班副局长昝汉生感到事态严重,立即带着监察科长和警务督察大队长赶赴西泉派出所。但李鸣显然没给局领导什么面子,昝局长代表分局道歉也不管用——如果要强行打开手铐,他要"当场撞死"。

21日14时,李鸣的表哥、哥哥、妻子等人赶到了派出所劝说,但李鸣很倔,没听。

在此期间,李鸣三次跑了出去,称要戴着手铐去上访。那影响就大了,临潼分局领导决定,将此事继续上报西安市公安局。

戴着手铐和警察一起合影留证

李鸣搞出了"新意思"——"警察必须给我拍照当证据"。

派出所警察用数码相机在办公室给李鸣拍完"手铐照"。但李鸣发了会儿呆,又提出要到外面"西泉派出所"的木牌旁拍照。警察只好按照李鸣的要求去做。

拍完后李鸣感觉还不满意,示意要戴着手铐和警察一起合影,于是一个神情无奈的警察就这样拍了一张平生最不愉快的合影。所长徐军山说,我们已没办法了,由他去,谁让抓错人了呢?

"我要求做法医鉴定,我感到手腕疼痛。"李鸣又搞出了"新意思",让在场的警察头疼。临潼分局领导立即联系法医,当天19时许,法医赶到现场,李鸣要求先打开左手手铐检查左手腕伤情，在法医检查完后，准备给李鸣打开右手手铐时，一个举动让所有在场的人都非常吃惊——他先铐上自己的左手腕，这才同意打开右手手铐查伤。

法医现场鉴定结果为：手腕轻度浮肿

被李鸣这种"较真"精神所感动，西安工业学院人文社科系教授郑升旭主动站出来，义务为双方做调解人。他告诉记者，这些也许让公安机关感到为难的事情，恰恰说明了中国普法教育的成果。李鸣还有一种证据意识，他的拍照、要求法医鉴定，无不说明了这一点。

派出所所长无奈求助媒体讨个说法

双方最后达成一个"打开手铐"的口头协议，先给李鸣1000元医疗费，其他三个条件再协商。

李鸣拿到作为证据的照片后，戴了8个多小时的手铐终于打开了。21日20时37分，徐军山疲惫地给上级领导通电话，说事情暂告一段落了。

当晚西泉派出所本来打算用警车送李鸣回家，但转念一想，李鸣万一中途又想搞搞"新意思"怎么办，要待在警车上不走怎么办？最后他们拦了一辆出租车，将李鸣送了回去。

"这样解决可以吗？明天李鸣索要7万元赔偿费又该如何呢？不满足他的条件，他到处上访怎么办？投诉媒体怎么办？"临潼分局一位当晚参与讨论的警官，向记者回忆了当时的痛苦。李鸣回去了，但是事情没解决。在场的警察和分局领导实在想不出办法，最终大家一致同意——找媒体讨个说法。

"我们这样做感到很轻松，反而没有什么思想包袱，我们将自己的丑事公之于天下，让媒体来监督，这样做也是给李鸣在媒体上恢复了名誉。"临潼分局一位领导对记者说。临潼分局一位警察私下告诉记者，过去抓错一个人，在对方屁股上踢一脚，他就高兴地走了，临走时还不忘说声谢。当然，那是错误的。参与该事件的另一位警官说："公安现在不怕打官司，最怕的就是办错案子后对方上访，也害怕对方投诉新闻媒体。"而郑升旭教授认为，不管警察们是出于什么目的或压力向媒体自爆丑闻的，就是有一点点的主动，都是了不起的。

频频接到陌生电话 莫名其妙被戴上手铐

22日中午，本来答应到公安临潼分局见记者的李鸣突然说自己住进了医院，不能赶到。同时他认为自己到临潼接受临潼警方道歉不合常理。15时许，记者在阎良区人民医院第二门诊部见到了李鸣,李鸣流着眼泪向记者诉说了自己的遭遇。

民警发现抓错后出言不逊

8月20日上午,他突然接到一位自称白某的电话,白某称和他很熟悉,一块在临潼吃过饭。21日上午,白又打电话来说,自己有两部偷来的手机,想让李鸣帮忙销赃。李鸣觉得奇怪,自己不认识白某,为何频频遭到骚扰电话,于是他决定会会白某。当日12时许,在阎良五区一电话亭内,李鸣突然被3个男子抓到车里并戴上手铐。李鸣认为,民警发现抓错后还出言不逊,在民警提出打开手铐遭拒后,随即他在车上提出索赔。

自称精神受到极大刺激

李鸣由于手腕受伤,所挂的吊针是扎在脚上的。李鸣在和记者交谈时,不断地流眼泪。他说平时自己身体很好,现在感到很虚弱。李鸣的主治大夫李进良告诉记者,当天13时李鸣来到医院,称自己头痛、恶心、失眠、多梦,称精神受到极大的刺激。经检查,发现李鸣手腕有小颗粒水疱,手腕处有勒伤痕迹。其神志清、精神差、自动体位(自己能走)、瞳孔正常。

经初步诊断,李大夫认为李鸣可能精神受到刺激,出现神经性头痛,所以给其使用了一些治疗精神类的药物,先观察治疗,必要时进一步检查。

认为警方限制通讯自由

李鸣认为,其间民警多次到他所在单位、所住乡村调查,在抓他时,所处的地方是当地的交通要道,围观的人很多。所以说他在被抓后,名誉受到了很大的损失。在民警明知抓错人后,还没收了他的手机,不让他给家里打电话,致使他的手机上有多个未接电话,他认为对方限制了他的通讯自由。(文中李鸣为化名)

双方最终达成和解协议

23日上午,作为调解人的郑升旭教授和记者一块来到临潼公安分局。此时李鸣已经住院,他告诉记者,精神受的刺激太重了,手腕也出现了水疸。

临潼分局有警察甚至建议不去医院探望李鸣,一则害怕对方一高兴就扣警车;二则害怕增加李鸣索要7万元赔偿金的信念。另一部分人认为,李鸣索要7万元是他的权利,法院对此会有公断,如果不去探望,显得警方没有诚意。

分局领导拍板决定——一定要去。但当警车即将行驶到市区时,分局的监察科和警务督察队领导,包括西泉派出所徐所长突然有点害怕,如果李鸣扣车怎么办?于是他们换乘出租车进城——不是他们多虑,实在是他们"快被折腾疯了”。

15时20分，警察们在阎良区人民医院见到了李鸣。警察们表示了对李鸣的安慰，随后退出病房。

在郑升旭教授面前，李鸣承认当初开口索赔7万元是因为在气头上。李鸣将赔偿金额下调，郑教授再次与警察们协商，警察们不断地打手机请示领导。

16时35分，双方最终达成和解协议（赔偿数额双方不愿意向外透露），由郑教授口述，警察书写协议后李鸣签名。双方又邀请郑教授做见证人。

签完协议，警察们都松了一口气，在场的人都笑了。但笑了后，李鸣突然对派出所所长说：“徐所长，我病好后去看望你。”徐军山忙说：“同意，同意。”

三、一份黑色清单[①]

西安城里，那道13公里长的古城墙，箭垛城楼，壁垒森严，曾经给人多少厚重可靠的安全感。城中心西大街，西安市公安局，屡破大案，荡浊涤污，一声“枪响了，出事了”，一部“12·1”大案纪实电视剧，曾经把秦人后代的威名唱遍大江南北。可是，鸡年（2005年）暮春以来，西安古城墙内外又传来怎样一声声叹息：

4月17日，西安市公安局碑林分局南大街派出所钟楼社区民警李斌，被一名长期吸毒、贩毒的嫌疑人砍断手指肌腱；

4月22日，公安未央分局徐家湾派出所民警刘希社等人在抓捕正在盗窃的疑犯时，该疑犯用扳手砸伤民警手指；

4月28日，公安雁塔分局长延堡派出所民警邢民安、王振杰和马芝彦在执行公务途中，被不法之徒打伤；

4月29日，公安未央分局徐家湾派出所副所长田传方、民警延建国在西航外招小区门口处理案件时，被不法之徒殴打；

5月24日，公安未央分局徐家湾派出所民警王东东等人抓捕盗窃自行车的嫌疑人时，王东东右手大拇指被打成骨折；

5月26日，公安未央分局缉毒大队民警张君诚在办理涉嫌毒品犯罪案件时，头部被打成脑震荡，身上多处受伤；

5月26日，西安市公安局交管支队二大队民警王忆澎在执法时，遭暴力殴打，致其左肱骨粉碎性骨折；

---

①资料引自：山东警察学院网，网址：http://www.sdpc.edu.cn/jpkc/jcxyl/ShowProductsz.asp?id=110。访问日：2012年6月9日。

5月29日,一伙湖北籍男子在公安碑林分局东关南街派出所门前殴打他人,民警陶培民等人制止时遭到殴打,双眼球挫伤,右眼视网膜震荡;

5月31日,公安站前分局东广场派出所民警在执行反扒任务中遭暴力殴打,其中实习民警李哲当场昏迷;

7月21日,李某在西安市南门外体育馆路殴打公安碑林分局文艺路派出所3名处警民警,3民警全身多处软组织受伤;

8月31日,在西安市雁塔路十字路口,一"摩的"司机将执勤的西安市公安局交管支队十一大队交警田锐嘴唇打破裂;

9月5日,公安新城分局长乐中路派出所民警王军亮、王锋等4人在处理案件时,遭遇七八名手持刀、斧、棍棒的男青年袭击,致使民警王军亮、王锋受伤,并抢走嫌疑人;

9月11日,公安未央分局辛家庙派出所民警张宏伟、伊福成在处置一起纠纷时,遭到围堵,增援民警吴炜被打,警服被撕烂;

9月13日,公安莲湖分局青年路派出所民警苏某在接警前往处理辖区某饭馆打架事件时,被饭馆打工人员用板凳砸伤,致脑部受伤。随后分局治安管理大队民警赶到增援,店主马某一家继续置若罔闻,手持酒瓶、板凳袭击民警,造成治安大队大队长张建波右腿踝骨骨折,另三名民警负轻伤。

经西安市公安局调查,上述案件中,民警执法规范,不存在行为粗暴、言语粗陋等现象,有的民警甚至是刚亮明身份就遭到袭击。而所有到案的袭警者,个个对自己的鲁莽行为感到后悔,有的痛哭流涕表示愿意公开道歉。目前,十余名暴力袭警及暴力妨碍公务的违法犯罪人员正在接受处理,大部分已进入诉讼程序。

……然而,短短数月,十数起恶性袭警案,引发舆论无数:民警权益谁来保障?执法权威怎样树立?

普通善良民众中间更是弥漫着一种担忧:民警尚且被如此袭击,可见坏人当道,这座城市还能否提供安居乐业的保障?

西安市公安局一位科长慨叹:民警执法过程中遭遇暴力抗拒的情况这些年在基层公安机关太普遍了,只不过最近暴力抗法者太猖狂,引起社会各界的高度关注而已。这种现象不单单在陕西存在,全国各地也普遍存在。

公安大学李玫瑾教授在她的新浪博客中有这样一句话:在广州警察开枪事件后,有专家说:"警察不到万不得已不能随便开枪!"什么叫随便?警察盘查的每个人脸上都不会自我标明或写上:我是流窜犯,我有命案在身,我身上持有非法枪支……，在执法的警察眼里，只要有一点可疑迹象，就需要盘查和防备，因为，眼前不认识的人谁知是不是流窜犯、命案犯、持枪抢劫犯？……如果是，那么随时都会向他发起攻击。因此，警察在执警的时候几乎一直处于一种随时反应的状态，很多紧急的反应只有几秒钟，谁能知道几秒后会发生什么结果？等结果清晰了，可能警察自己已经殉职并丢失了枪支！所以，警察执法的难度应该让公民知道：只要你是守法公民你就应该无条件配合！如同解放区站岗的哨兵不认识毛泽东向他要路条一样；生活中，不管你是如何有权、有势、有知识，当面对警察的执法要求时，他代表的就是法律，公民，你就应该配合。[①]

① 资料引自：新浪博客，网址：http://blog.sina.com.cn/s/blog_4bbb785f01008mx1.html。访问日：2012年6月6日。

第三单元　无法逃避的选择

——治安管理

【精讲精析】

一、治安管理的含义

治安管理,是国家为维护社会治安秩序而依法组织的行政管理工作,它是国家行政管理的重要部分。具体说,它是由国家公安警察机关为维护反映统治阶级意志的社会秩序,以保障社会生活正常进行而依法从事的公开行政管理行为。

二、治安管理的范围

治安管理的范围,目前在我国实际上主要是指治安管理机关的业务工作范围。一般认为,治安管理的业务范围是由治安管理的职能任务所决定的。在各个不同的历史时期,由于治安管理的职能、任务是随着社会政治、经济、文化以及科学技术的发展,特别是随着社会治安形势的变化和公安工作发展的需要而不断发展、变化的,因而治安管理的业务范围也是不断变化、调整的。

当前我国治安管理的业务范围包括6大类。

(一)公共秩序管理

公共秩序管理是指人们在共同的社会生活中遵守一定的行为规范而形成的一种有序的社会状况。公共秩序有广义和狭义之分。广义的公共秩序是指整个社会秩序,它是由国家法律规定或确认的,为维护社会共同生活而要求人们必须遵守的社会行为规则。广义的公共秩序即社会秩序,包括生产秩序、工作秩序、生活秩序、教学科研秩序等。狭义的公共秩序是指由国家公安机关的治安管理部门依照法律、法规和规章对特定场合进行管理所维护的秩序。因此,公共秩序管理就是指国家公安机关为维护社会公共秩序而依法从事的以保障社会生活正常有序的行政管理行为。公共秩序管理是治安管理工作的一个重要方面，是治安管理部门的一项经常性业务工作。

公共秩序管理按照对地域、物品、行为等不同管理要素来划分，可以分为以下四个方面的管理：

1.地域的管理

根据不同地域的特点，公安机关对影响公共秩序地域的管理又可分为以下三种：

(1)公共复杂场所治安管理；

(2)特种行业管理；

(3)重点地区管理。

2.物品的管理

根据物品的不同属性，公安机关治安管理部门对物品的管理可分为以下两类：

(1)危险物品管理；

(2)违禁物品管理。

3.行为的管理

根据行为种类属性的不同，公安机关治安管理部门对影响公共秩序行为的管理可分为以下三类：

(1)大型活动(正常群体行为)管理；

(2)群体性事件(非正常群体行为)的预防与处置；

(3)对违反治安管理行为的管理。

4.人员管理

(1)要人保卫；

(2)有伤社会分化人员的管理；

(3)对社会有潜在危险的人员的管理；

(4) 流浪乞讨人员管理。

当然，每一位公民与治安管理的关系密不可分，谁都离不开治安管理的保驾护航。

(二)户政管理

户政管理又称户口管理或户口行政管理，是指依法收集、确认和提供本国住户居民的公民身份、亲属关系以及法定住址等人口基本信息的国家行政管理。我国的户政管理，不仅是一项重要的行政管理工作，也是一项重要的治安管理业务，更是一项重要的公安基层基础工作。

户政管理的内容主要包括以下几个方面:

1.户籍管理,主要包括户口管理登记、户口统计、户口档案管理、人口基本信息计算机管理等;

2.居民身份证管理;

3.迁移调控;

4.公安人口管理,主要包括流动人口治安管理、重点人口管理和户口调查等。

(三)道路交通管理

道路交通管理是指公安交通管理机关根据国家的有关法律、法规、规范和标准,用行政管理的手段和科学管理的方法,对通行于城乡道路上的一切车辆和行人进行的监督和管理。通过有效的管理来综合协调道路交通系统中人、车、路以及交通环境等各交通元素之间的关系,以获得最少的停车次数、最短的运行时间、最大的通行能力和最低的事故率的根本目的。道路交通管理是一项复杂的系统工程,其宗旨主要是为交通运输服务,为人民生活和社会主义市场经济服务。

道路交通管理的内容有:

1.交通指挥;

2.交通控制;

3.交通勤务;

4.交通宣传;

5.交通规划;

6.交通信息工作;

7.道路及交通设施的规划与管理;

8.交通违法行为与交通事故处理;

9.车辆管理;

10.驾驶员管理。

(四)消防管理

消防是预防火灾和扑救火灾的简称。消防管理一般分为两部分,即消防监督管理和消防安全管理。消防监督管理是指公安消防机构,依法对机关、团体、企业、事业单位和城乡基层组织遵守消防法律、法规、规章和消防技术规范,落实防火安全责任制,开展消防宣传教育,建立和管理消防组织,进行消防科研等工作实施组织、指导、检查、督促、奖惩等执法活动的总称。消防安全管理是指社会单位内部对消防工作实施的组织、指挥、控制、协调的活动。

消防监督管理的内容主要包括以下10个方面：

1.消防宣传教育指导；

2.建筑工程消防设计审核与竣工消防验收；

3.公众聚集场所和大型活动现场消防安全检查；

4.确定消防安全重点单位，并对其定期监督检查；

5.对机关、团体、企业、事业单位遵守消防法律、法规的情况依法进行监督检查；

6.发现火灾隐患，及时通知有关单位或者个人采取措施，限期消除隐患；

7.对专职消防队、义务消防队进行业务指导；

8.纠正处罚违反消防法律、法规的行为；

9.组织灭火；

10.调查处理火灾事故。

（五）出入境管理

出入境管理，是指我国公安机关依据有关法律规定，对中国公民和外国人离开、进入、返回我国国境活动所实施的调节、控制、指导和管辖。公安机关对出入境活动实施管理，是国家涉外管辖的一个组成部分，是代表国家行使主权的重要体现。出入境管理是公安机关对具有涉外因素的事项行使管辖权的行为，是公安涉外管理的总和。

出入境管理的内容主要包括以下8个方面：

1.国籍管理；

2.出入境证件与签证管理；

3.中国公民出入境管理；

4.外国人入出境管理；

5.外国人居留、旅行管理；

6.出入境边防检查与控制；

7.出入境违法行为处罚；

8.涉外事件处置。

（六）内部单位治安保卫工作和群众性治安防范工作

内部单位治安保卫工作，是指国家机关、社会团体、企事业组织内部和重点建设工程的治安保卫工作。群众性治安防范工作，是指治安保卫委员会、居民委员会、村民委员会以及治安联防队、护厂队、护村队等群众性治安保卫组织的治安防范工作。指导和监督内部单位治安保卫工作和群众性治安防范工作是治安管理的重要方面，内部单位治安保卫工作和群众性治安防范工作是国家治安管理职能的重要补充。

内部单位治安保卫工作和群众性治安防范工作的指导与监督，主要包括以下十个方面：

1.指导和监督内部单位和重点建设工程单位建立保卫组织；

2.指导建立各种群众性的治安防范组织；

3.指导和监督建立各项安全保卫制度；

4.指导进行法制宣传教育和安全防范教育；

5.组织开展安全检查，消除隐患，预防治安灾害事故；

6.指导和监督确定要害部位，搞好要害保卫工作；

7.指导保安服务公司的保安业务；

8.指导开展技术预防工作；

9.指导和监督做好保密工作；

10.指导保卫组织和群众性组织开展帮教工作，预防违法犯罪。

治安管理的内容是由治安管理的范围和对象所决定的。治安管理的广泛性和复杂性主要体现在治安管理的管理范围和对象以及管理方式上。治安管理既有对人的管理，又有对物的控制；既有对场所、行业、地域的管理，又有对治安案件、群体性事件、治安灾害事故的预防和查处。这是治安管理不同于一般行政管理的特点之一。

三、治安管理的任务

（一）保护公民的合法权益

全心全意为人民服务是我国人民警察的宗旨。保护公民的合法权益是人民警察宗旨的重要体现，是公安机关治安管理的首要任务。只有公民的合法权益得到切实保护，人民群众才能安居乐业，才能保证社会稳定和发展。

公民的合法权益，是依照宪法和法律的规定并受到国家保护的公民在人身、经济、文化、政治等方面享有的权利和利益。包括生命健康的权利，人格名誉权利，人身自由权利，合法财产权利，参加经济、文化、政治活动的权利等。它体现了公民在国家中的地位。公民的这些权益，任何机关和个人都不得侵犯。在治安管理活动中，公安机关必须做好以下几个方面：

1.认真履行职责，为保护公民的合法权益提供条件和保障。在国家行政管理和司法活动中，与其他部门相比，治安管理涉及公民的权利和利益更加频繁且广泛。治安管理的许多业务内容与公民的切身利益密切相关。例如，在办理户口、颁发护照、登记审批、检查监督、调查、接待等日常管理工作中，要热情办理，方便群众，及时答复；要特别保护公民的选举权、集会游行示威的自由、从事宗教活动的自由等政治权利；还要为公民行使批评建议权、申诉检举权、复议诉讼权以及要求赔偿权等提供方便，等等。

2.严格执法，维护公民的合法权益。治安管理法律、法规是广大人民意志和利益的体现，在治安管理中，要按照法律、法规的规定严格执法，对侵害公民合法权益的违法犯罪行为依法制裁。

3.在业务管理活动中，尊重公民的合法权益，不得侵犯。

（二）预防、发现、制止违法犯罪活动

广义的违法包括犯罪（即刑事违法）。违法一般分为行政违法、民事违法、刑事违法等。但是，在公安（警察）业务中，违法犯罪通常是指依法由公安（警察）机关管辖的那部分。违法犯罪活动危害国家利益和其他公共利益，侵害公民的人身财产安全，影响社会安定，破坏治安秩序。预防、发现、制止违法犯罪，是治安管理的基本任务。为此，主要应做好以下几方面的工作：

1.严密各项业务管理，及时掌握违法犯罪活动的线索和动态，加以防范控制。

2.做好治安防控体系建设，加强社区警务和治安基层基础工作，强化公民的治安意识，完善各种安全措施，减少违法犯罪的诱因和条件，减少被侵害因素。

3.做好对重点人员的管理、防范。一是做好对违法和轻微犯罪（失足）青少年的帮教；二是认真执行对监外罪犯的监督、考察；三是对刑满释放和少年管教人员的“接茬”教育和安置；四是调解处理民间纠纷，防止矛盾激化。

（三）查处治安案件、治安灾害事故，处置群体性事件

治安案件、治安灾害事故、群体性事件与犯罪共同构成破坏治安秩序的治安问题，并且由于治安案件、治安灾害事故与群体性事件具有多发性、显在性等特点，对于公共利益和公民个人利益的损害不亚于犯罪。因此，查处治安案件、治安灾害事故，处置群体性事件，是治安管理的经常性任务，对于维护治安秩序和社会稳定，减少、挽回损失，保护公民合法权益都具有重要意义。

（四）协助国家其他行政管理

国家行政管理是一个有机的系统，各种行政管理是互相联系、互相配合

的。治安管理由于具有自己的特殊强制性,所以,有着其他行政管理不具有的权威性和约束力,是其他行政管理顺利实施的保障。协助国家行政管理是治安管理的辅助性任务。

1.在其他行政管理机关工作人员依法履行职务受到拒绝、阻碍时,治安管理部门依法予以协助,排除阻碍,并及时查处有关违反治安管理的行为。但是,治安管理部门不能代替(越权)履行其他行政管理部门的职能和任务,如工商税收、市场管理、城建拆迁、计划生育等。

2.在职责范围内,依法做好有关协助、配合工作。如协助选举机关做好选民资格审查;协助兵役机关和其他部门、单位做好征兵政审和其他政审;配合文化出版管理部门取缔非法出版活动;协助铁道、交通、民航部门维护交通客运秩序;协助游览场所维护游览秩序,等等。

3.在集中专项治理中,配合工商、卫生、城管等部门整顿市场、市容秩序等。

(五)救助群众危难,提供社会服务

救助群众危难、提供社会服务,是治安管理的派生任务。为人民群众排危解难,在职责范围内为社会和公民提供必要的服务,是公安机关的性质和人民警察的宗旨决定的。

治安管理工作与人民群众的接触最多,联系最密切,是党和政府与人民群众之间的桥梁和纽带。做好救助群众危难的工作,不仅是治安民警的职责和义务,而且可以密切党和政府与群众的联系,提高党和政府在人民中的威信,奠定治安管理广泛的群众基础。另一方面,治安管理作为国家行政管理的组成部分,在维护社会治安秩序的同时,还具有保障和促进社会与经济发展的作用。因此,要为国家有关部门、社会和公民提供专业性服务。

1.深入群众,及时了解居民的困难和疾苦,尽力予以帮助或向有关部门反映解决;当公民人身、财产安全受到侵犯或者处于其他危难情形,应当立即救助;对人民群众提出解决纠纷的要求,应当给予帮助;帮助迷路儿童、老人返家,帮助海外华人、华侨、港澳台同胞查寻亲友,负责查找走失人员和下落不明人员;协同有关部门处理非正常死亡事件;受理、查找拾遗物品;参加抢险救灾和有关社会公益工作,开展各种形式的警民共建活动。

2.及时为政府有关部门了解社会情况和决策提供必要的信息,如人口、车辆、出入境、治安事故等数据;参与城市建设在交通、消防设施等方面的规划;为社会组织、学术研究机构进行科学研究提供支持帮助;为社会和公民提供治安咨询和辅导,等等。

【典型案例】

治安警察于私权保护的职责[①]

在我国当前,随着市场经济的发展,社会生活中私有权逐渐发展扩大,社会矛盾中涉及私有权的纠纷也随之增多,这就在治安方面保护私权提出了新的要求。同时,也要求警察随之更新观念,在保护私权方面履行职责,以满足维护社会治安的需要。古人云:"徒法难以自行",一部法律,还要有充分理解法律和具有完全适当履行法律的能力的人来执行,才能体现立法精神,实现立法的目的。近日,接触两例关于治安方面的案件,侵权形式相似,警察处理的方式不同,即有不同的结果。

其一

北京的S某的父亲与东北的L某再婚后,去东北与L某同居生活,两年后死于东北L某处。后来L某来北京,要求居住S某承租的一间公房,西城区法院判决L某在为S某另行租赁一间同等条件的房屋后,方可居住S某承租的公房。L某欺负S某善良,在没有先履行为S某另行租赁房屋的情况下,强行撬锁进入S某承租的公房内,并将此房出租给别人。S某来找律师咨询,要请律师代理诉讼,请求法院判决L某搬出S某承租的公房。律师了解了事实后,认为诉讼可能会拖很长时间,耗费精力,不如让警察来处理简捷。建议S某到其承租的房屋处,打电话报警,控告L某强行非法进入S某的住宅,要求L某和其租房的别人搬出。S某报了警,L某也报了警,西城区警察看过法院的判决书后,认为L某在没有为S某另租房的情况下,撬锁进入S某承租的公房违法,属于非法侵入他人住宅,责令L某和其租房别人立即离开S某承租的公房,并将L某和别人同时带走,事情立即解决。

其二

F公司在西城区某地有两间房屋,房屋由王某按公房出租标准租金承租多年。此房因北京奥运会配套工程涉及拆迁,区市政管委为拆迁人,王某为被拆迁人。按北京市拆迁法规,此房拆迁,有货币补偿和房屋产权置换安置两种拆迁安置形式,如货币补偿,F公司应将房屋以每平方米135元的价格将房屋产权

---

① 资料引自:圈网你我他,http://www.niwota.com/submsg/6948751。访问日:2012年6月12日。

转让给王某,王某以产权人的名义与拆迁人订立拆迁补偿协议取得安置补偿款;如产权置换安置,则由拆迁人在同等条件下,在他处另找房屋给F公司,王某租赁他处房屋居住。由于王某要求的补偿款金额过高,没能与拆迁人达成货币补偿协议,王某同意房屋置换形式拆迁安置。拆迁人在东城区有两间房屋,符合房屋置换安置条件,王某看过房屋后,书面同意此两间房屋的置换安置,并领取了房屋钥匙,写了收条。F公司为了不招是非,明确告知拆迁人和王某,放弃原房屋的产权。随后,王某一家对此房屋置换方案反悔,要求拆迁人多给补偿,拆迁人不同意变更原安置方案,王某就到F公司闹事,并强行住在F公司的一间办公室中,随意乱扔生活垃圾,毁坏F公司设施,逼迫F公司为其向拆迁人要求多给王某补偿。因为F公司在此拆迁中没有权力要求拆迁方作为,也没有义务为王某主张权利,而且已经放弃了原房屋产权,所以只能从中协调,帮助联系制造协商机会。因王某要价过高,一直没有协商成,拆迁人仍然坚持原房屋置换安置方案不变,王某就一直在F公司捣乱。F公司报警,控告王某扰乱其公司办公秩序和破坏财产。西城区警察接警后,来到现场了解情况后,认为仅破坏财产、强占办公室,没有发生人员打斗,未对王某的行为进行处理。王某遂在F公司一直捣乱折腾长达近一年,使F公司不能正常办公,下班后也不能锁门,否则王某就撬门或砸门。

西城区警察对此事的处理,明显属于行政不作为,不但造成矛盾时间拖长,F公司损失的扩大,而且还助长了违法行为,影响极差。同时,由于警察不作为,还造成了司法资源的浪费。

【以案说法】

治安警察于私权保护的职责

由以上两例治安案件中看出,在经济体制转型期中私权增多的情况下,警察的执法观念也应当随之转变。如果有人侵犯了私权,在法律关系明确的条件下,警察应当在《治安管理处罚法》规定的职责范围内,及时有效地处理,维护社会秩序,不但解决了矛盾,还节约了司法资源。当然,不允许警察非法介入民事纠纷的规定,还是要严格遵守的。

【扩展阅读】

一、治安管理网格化 警察为主群防群治①

将全市、镇(街)、村(社区)划分为若干单元网，配套相应的治安设备和警用设备，围绕群众、房屋、车辆、场所等多项治安要素做好“情报搜集、群众走访、出租屋管理、场所检查”等工作，定人、定岗、定责，确保每个网格内治安有人管，巡防有人干，责任有人担……今年3月份，东莞警方提出在各镇街试点推行“治安管理网格化”，希望借此破解困扰已久的治安难题。

4月下旬开始，寮步公安分局选取了2011年发案率占全镇29%左右的石步、泉塘、下岭贝、横坑4个村作为试点，推行治安管理网格化。

推行两月以来，二手房东佩戴红袖章成为义务治安员、社工义工与警方联动体验执法传播知识、出租屋进行评级争先创优……多项网格化管理的新举措陆续推出，但它们能否真的破解治安难题？寮步警方日前对外公布的一组数据显示：从4月20日到5月30日期间，上述的4个试点村刑事和治安总警情同比分别下降62.1%、48%、62.5%和49.7%。

二手房东戴袖章兼当治安员

社区和村落是东莞警方施行网格化的最基层。寮步石步村处于寮步与茶山、生态园的交界地带，辖区内工厂众多，本地人口近5000人，外来人口近2万人。从4月20日开始，沿着主干道路石大路，它被警方划分为4个单元网格(即4个区)，每个区安排一个民警带领治安员进行管理，进行日常矛盾纠纷排查、出租屋管理、重点路段巡防、企业周边联防、情报信息收集、阵地控制、治安防范宣传等防范措施。

石步村广场附近林立的出租屋位于网格化中的二区，租客大多是石步村牌坊对面的华南工业园里的工厂工人。昨日上午10时许，正是工人上班时间，出租屋略显冷清，湖北籍的二手房东孙先生坐在出租屋一楼敞开的门厅内，边看电视边盯着对门的出租屋大门，桌上一个红袖章上写着“石步警务区义务治安员”。

“我平时出去巡查时要戴在手臂上的”，孙先生熟练地将袖章挂上手臂。

① 资料引自：搜狐网，网址：http://roll.sohu.com/20120607/n344928851.shtml。访问日：2012年5月18日。

近两个月来,他已经适应了既是二手房东又是义务治安员的双重角色。他负责看管2栋出租屋,“每天我都会在出租屋周围转一转,看看有没有什么情况。”

石步警务区曾多次召集二手房东开会和培训,警务区给他们发放了“义务治安员”的袖章,要求他们除履行二手房东工作职责外,还应密切注意责任区以外、视线范围内的可疑人、事和物,预防和制止现行违法犯罪活动,“超过我们自身控制范围的,就及时拨打警务区电话并通知治安巡逻队追捕犯罪分子。”

如今,在石步村各栋出租屋门前都能见到明显的报警提示,这或许在一定程度上加大了警民联动的力度。南都记者了解到,5月21日9时许,石步村二手房东余先生就与租客一起,抓到一名形迹可疑企图逃走的男子,经审讯,该男子钟某龙对实施盗窃行为供认不讳。

挂牌子评星级激励出租屋

除了石步,泉塘、下岭贝、横坑等3个村也是寮步镇治安网格化管理的试点村,各村警务区也“各施法宝”。今年4月起,下岭贝村警务室向辖区内出租屋颁发了“红蓝牌”。“蓝牌”表示该出租屋管理规范、治安秩序良好;“红牌”表示该出租屋管理混乱、治安秩序很差。

在下岭贝的网格化管理中,警务室将出租屋分为三类,达到四大条件方能成为一类出租屋:一、出租屋一年来没有任何治安和刑事案件;二、有监控视频;三、有电子门禁;四、房东责任心强,能够积极配合警务人员的工作,严格落实流动人员的入住登记情况。满足以上条件,可以定性为良好或优秀出租屋,门口挂蓝色标示牌,注明该出租屋“治安良好、管理规范”。

与蓝牌相对应的红牌,则属于“时有治安案件发生,二手房东责任心差、管理混乱的出租屋。”下岭贝警务室负责人表示,上述两种牌分别是一类和三类,二类则不挂牌,以激励房东争先创优。截至目前,下岭贝村已经有11栋出租屋获“蓝牌”,10栋出租屋被“红牌”警告。记者在下岭贝走访时,挂蓝牌者面子上光荣,房子好租、租金有保证;挂红牌则被认为丢人,“很难为情不说,租住人员也意见一大堆,天天闹着要退房。”

为了更好地管理出租屋,石步则打算推出与挂牌相类似的“星级化”管理,即将硬件和软件较好的出租屋评为三星级、四星级和五星级,其余出租屋不评级。寮步派出所的负责人表示,评为五星级的出租屋,警方将联系工厂,将房东的资料和出租屋情况向工人们进行公布,以增加工人选择该出租屋的机会,“希望通过这种方式,让辖区内的房东都朝着五星级的目标去做。”

吸纳社会资源社工义工加入

随着网格化管理工作的深入，加入群防群治队伍的社会群体在增多。5月26日上午，寮步派出所与该镇社会工作服务中心联合成立的治安管理网格化联动试点在石步警务区正式启动。寮步辖区的预备党员、专职社工以及社会义工等上百人，参加了“当一天警察”的体验活动，体验排查出租屋、设卡查车等执法活动。

寮步镇社会工作服务中心的社工谢江虹介绍说，联动试点启动后，社工将组织群众、预备党员、义工等群体参加该项活动，“例如体验警察执法、进行社会治安巡逻等等，向公众进行宣传，也对警察的工作有了更真实的理解。”按照计划，社工机构暂定每月举行一至两次联动，组织人员参加警方的培训讲座、路面巡逻等活动。

如今，警方希望将群防群治的范围从出租屋扩大到工厂。石步警务区警长梁柱洪表示，警方也在积极争取村委会和工厂的支持，充分利用工厂保安的力量，让他们也像二手房东一样参加“义务治安员”的培训。

措施初见成效市民盼能持续

从警方公布的警情数据来看，实施近两月的治安管理网格化似乎交出了不错的成绩单，但在市民眼中，效果究竟如何呢？前昨两日，记者走访石步村各出租屋、便利店的群众时，他们大多表示治安情况已有一定改观。

“我租的那栋出租屋，之前总是隔三岔五就听说被盗，我也亲眼见到身边的朋友电脑被偷过。”在华南工业区一家电子厂上班的韩小姐表示，从4月底以来至今，她再也没有听说周围的工友被盗的事，“我希望这样的治安状况能长期保持下去。”石步村内众多店铺的店主们也表示，近两个月来感觉路面见警率明显提高，“有巡逻警车开来开去，还有警察经常带着一些义务治安员巡查，最近几天还能见到警犬上街巡逻。”

根据寮步警方公布的数据，在试点治安管理网格化的前40天里，4个村总刑事立案同比下降21.4%，破案率同比上升20%。对此，石步村二手房东陈先生表示，近期感觉打打杀杀的案件是少了很多，作为义务治安员，他也乐意配合警方共同维护好社会治安，“但我不希望这样的试点工作一过，又恢复原来的样子，持之以恒保持治安好转，才能让我们在这个地方安心地工作和生活。”

二、“镇江最帅警察”为游客撑遮雨棚 称是职责所在[①]

镇江长江音乐节5月1日结束，讨论话题却还在继续，不过这次最火的不是在舞台上表演的明星，而是一位来自东北的年轻警察柴天明。5月3日晚上，网友“老王2007”在镇江梦溪论坛发表题为“2012长江音乐节感人一幕”的帖子称，4月30日晚，长江音乐节上观众正在退场时，天公不作美，开始下起大雨，但公交车不可能一下子带走那么多人。“车门一开，年轻力壮的都蜂拥而上，留下的很多是年老体弱者以及妇女儿童在寒冷的雨中，人们想尽各种办法躲雨。”很多人在寒冷的雨中不知所措，这时一位警察及时出现，撑起一块橘红色的油布，为众人挡雨。

“老王2007”的帖子发出后，很快成为焦点话题。不断有新的目击者站出来称赞这位警察，这张雨中的照片感动了很多网友，网友称这名警察为“镇江最帅警察”，并表示了对现场警察的敬意。网友“镇江小法医”甚至为其作诗一首：“雨雾迷离了双眼，融不掉的一张俊脸，笑对浊色苍天，无须冗繁虚言，却只见，那一霎的本色出演……”

昨天，记者辗转联系了发帖人“老王2007”，他告诉记者，当天，他和女儿在现场，由于雨来得突然，很多人没有准备，也没有雨具。当时，气温也比较低，许多人冻得直发抖。这时，他看到了几名警察找来了现场的彩条布、台布等，高高地举了起来，让人们站在下面避雨，而他们自己却被雨水淋了个透。他非常感动，把女儿的手机拿了过来，用手机偷偷拍下了这张照片。

---

① 资料引自：搜狐网，网址：http://news.sohu.com/20120505/n342398300.shtml。访问日：2012年5月26日。

第四单元　你的权利随时可能受到侵害

——治安管理处罚法

【精讲精析】

一、对"违反治安管理行为"的理解

《治安管理处罚法》第2条规定："扰乱公共秩序，妨碍公共安全，侵犯人身权利、财产权利，妨害社会管理，具有社会危害性，依照《中华人民共和国刑法》的规定构成犯罪的，依法追究刑事责任；尚不够刑事处罚的，由公安机关依照本法给予治安管理处罚。"这一规定不仅揭示了违反治安管理行为的基本的法律特征，同时也将违反治安管理行为与犯罪行为、民事违法行为、违反社会道德规范行为和其他行政违法行为区别开来，是理解和认定违反治安管理行为的基本依据。根据这一规定，由于违反治安管理行为的社会危害性小，社会公众可能会轻视这一问题，从而实施某些行为而对他人的权利造成危害；或者公民本人也会因为不知道某一行为违法而草率的实施了该行为，或认为该行为社会危害性比较小而侥幸实施了某一行为，从而受到法律的追究。

（一）什么是违反治安管理行为

根据《治安管理处罚法》和其他法律、法规关于违反治安管理行为规定的基本精神，可以给违反治安管理行为做如下定义：违反治安管理行为，是指违反治安管理法律、法规，扰乱公共秩序，妨害公共安全，侵犯人身权利、财产权利，妨害社会管理，对国家、集体、公民造成危害或可能造成危害，尚不够刑事处罚，由公安机关依照有关治安管理的法律、法规给予处罚的行为。违反治安管理行为具有以下特征：

1.具有较轻的社会危害性。社会危害性，是违反治安管理行为的最基本的特征。违反治安管理行为的社会危害性表现在各个方面，既可能损害了国家利益或集体利益，也可能侵犯了公民个人的合法权益。违反治安管理行为的社会危害性，既可以表现为对一定客体造成实际危害的实害性；也可以表现为

虽未对一定客体造成实际危害,但对其有相当威胁的危险性。如故意伤害他人身体的行为,表现出对社会造成实际危害的实害性;而如“组织群众集会或者文化、娱乐、体育、展览、展销等群众性活动,不采取相应的安全措施,经公安机关通知不加改正的”行为,虽然只是具有危害社会的可能性,但并不影响对社会危害性的认定。违反治安管理行为,除了依据行为是否具有社会危害性来判定外,还要根据行为对社会的危害程度来认定。违反治安管理行为对社会的危害还没有达到构成犯罪的程度。这就是说,违反治安管理行为是具有较轻社会危害性的行为。

2.具有治安行政违法性。违反治安管理行为不仅具有社会危害性,而且必须为治安行政法律规范所禁止,这是违反治安管理行为的一个重要的法律特征。行为的治安行政违法性是其社会危害性在法律上的表现,只有当某种行为具有一定的社会危害性并应当受到法律制裁时,国家才有必要通过立法禁止这种行为,规定其为违法。从这个意义上讲,违反治安管理行为的违法性是由其危害社会的本质特征所决定的。它是各种违反治安管理行为都不可缺少的一个基本属性。是衡量某一行为是否具有社会危害性、具有何种性质的社会危害性、其危害程度是否应受治安管理处罚的最直观的外在标准。

3.应受治安管理处罚性。违反治安管理行为应受治安管理处罚性这一特征,是由违反治安管理行为的前两个特征所决定的,与前两个特征紧密相连,它是行为的社会危害性和违反治安行政法律规范必然的法律后果。社会危害性是对违反治安管理行为质的规定,应当受到治安管理处罚则是对其社会危害性程度在量上的要求,它表明这种行为的社会危害性达到了需要用国家强制力加以制裁的程度。行为是否实际受治安管理处罚与执法实践中对违反治安管理行为人需不需要给予治安管理处罚,是两个不同的概念。有的违反治安管理行为本应受治安管理处罚,但由于特殊法定主体或者法定情节的限定,可以不予处罚,而采取其他法定辅助措施或相应的说服教育方法,这与违反治安管理行为应当受到治安管理处罚这个特征是不矛盾的。只有在违反治安管理行为应当受治安管理处罚这个前提下,才有不予处罚的问题。

违反治安管理行为的上述3个基本特征紧密结合,构成了完整的违反治安管理行为的概念,三个特征有机结合是衡量和确定违反治安管理行为的尺度和标准。

（二）违反治安管理行为与其他对社会具有危害性的行为的区别

1.违反治安管理行为与犯罪行为的区别

违反治安管理行为与犯罪行为既有联系又有区别。二者的联系表现在成因都是社会、经济、文化等消极因素的综合作用，且有些违反治安管理行为与犯罪行为的表现形式和作案方法是相同的，有些行为侵犯的客体也是相同的，只是危害大小和行为情节轻重不同而已。但违反治安管理行为与犯罪行为有着严格的区别，主要有以下几个方面：

(1)调整的法律规范不同。违反治安管理行为触犯的是治安行政管理法律规范，调整其行为的法律依据是《治安管理处罚法》等治安管理法律、法规；而犯罪行为触犯的是刑事法律规范，调整其行为的是《刑法》等刑事法律。

(2)社会危害性大小和行为情节轻重不同。违反治安管理行为因情节和后果较轻，社会危害性相对较小；而犯罪行为情节和后果严重，手段恶劣，因而社会危害性较大。

(3)应当受到的处罚不同。违反治安管理行为是行政违法行为，应当承担的法律责任是行政法律责任，受到的是治安管理处罚；而犯罪行为是刑事违法行为，应当承担的法律责任是刑事法律责任，受到的是刑事处罚。

区分违反治安管理行为与犯罪行为主要可以从以下三个方面把握：第一，行为的性质本身就表明其社会危害性严重，依照刑法的规定构成犯罪。第二，行为性质本身就表明其社会危害性较小，不应当受到刑事处罚，只能由治安管理法律规范规定为违反治安管理行为。第三，行为的性质近似或者相同，行为的性质本身尚不足以表明其社会危害性是否达到应受刑事处罚的程度，刑法和治安管理法律规范分别对其做了规定。其中社会危害性严重，应当受到刑事处罚的，由刑法规定为犯罪；而社会危害性较小，不应当受到刑事处罚的，由治安管理法律规范规定为违反治安管理行为。

2.违反治安管理行为与其他行政违法行为的区别

行政违法行为，是指公民、法人或者其他组织违反行政管理法规，应由国家行政机关给予行政处罚的行为，违反治安管理行为是行政违法行为的一种。违反治安管理行为与其他行政违法行为的共同点是：都是行政违法行为，都违反了行政管理的法律、法规，都需要依法给予行政管理处罚。但两者又有显著的区别，表现在：

(1)触犯的行政法律、法规不同。违反治安管理行为触犯的是《治安管理处罚法》，其他行政违法行为触犯的是诸如工商、税务、海关、财政、金融、城建、文教、卫生等行政法律、法规。

(2)适用的处罚不同。对于违反治安管理行为，可以适用警告、罚款、行政拘留、吊销公安机关发放的许可证等治安管理处罚;对其他行政违法行为不能适用限制人身自由的行政拘留处罚,但是除了警告和罚款外,还可适用吊销执照、勒令停业、没收等多种处罚。

(3)适用处罚的行政机关不同。对违反治安管理行为由公安机关做出处罚决定,对其他行政违法行为分别由工商、税务、海关、财政、金融、城建、文教、卫生等行政管理部门依照法律规定做出行政处罚决定。

(4)对违反治安管理行为实施处罚时,依照《治安管理处罚法》处罚的对象只能是具有责任能力的自然人,而对其他行政违法行为实施处罚时,处罚的对象既可以是有责任能力的自然人,也可以是法人。因此,应正确区分行为主体与受处罚主体的区别。

3.违反治安管理行为与民事违法行为的区别

民事违法行为,是指违反民事法律规范,应当承担民事法律责任的行为。违反治安管理行为与民事违法行为的联系主要表现在违反治安管理行为对他人造成损害的,行为人或者其监护人应当依法承担民事责任。两者的主要区别表现在以下几个方面:

(1)从行为侵犯的客体看,违反治安管理行为侵犯的是《治安管理处罚法》所保护的各种社会关系,民事违法行为侵犯的是平等主体间的人身和财产关系。

(2)从客观方面看,多数违反治安管理行为都不以发生实际的危害结果为要件,只要实施了违反治安管理的法律、法规的行为就可构成;民事违法行为,都是实际上侵犯了他人民事权利造成了损害的行为。

(3)从违法主体看,违反治安管理行为的主体可以是自然人,也可以是法人,但责任主体必须是达到了法定年龄,有责任能力的自然人。而民事违法行为的主体和责任主体既可以是自然人,也可以是法人。

(4)从客观方面看,违反治安管理行为采取的是过错原则,而民事违法行为除采用过错原则外,还采用无过错民事责任。对于某些既是构成治安违法行为又侵犯民事权益的,如殴打他人、故意伤害他人身体的行为,既侵犯他人人身权利,又造成民事侵害结果,因而既要受治安管理处罚,又要承担赔偿他人损失的民事责任。在处理这种行为时,既要防止只追究行政责任、不追究民事责任的偏向,又要防止只追究民事责任、不追究行政责任的偏向。

4.违反治安管理行为与违反社会道德规范行为的区别

道德规范是社会向人们提出的一定的应当遵循的行为准则。它是人们的道德行为和道德关系的普遍规律的反映，是一定社会或阶级对人们行为的基本要求的概括。违反治安管理行为与违反社会道德规范行为具有显著的区别，主要表现在以下几个方面：

(1)触犯的行为规范不同。违反治安管理行为触犯的是治安管理法律规范，违反社会道德行为触犯的是道德规范。

(2)制裁的方式不同。法律规范是以国家强制力保证实施的行为规范，对违反治安管理行为适用法律制裁即治安管理处罚；道德规范是以社会舆论、风俗习惯和人们的信念等力量保证其实现的行为规范，对违反社会道德行为只能通过个人内心信念和社会舆论对其进行谴责，而不是依据一定的法律程序进行处理。

(3)制裁的机关不同。对违反治安管理行为由公安机关处罚；对违反社会道德行为，则不能通过有组织、有系统的国家机器进行制裁，而只能通过社会舆论和评价对其进行约束和监督。

(三)违反治安管理行为的构成

1.违反治安管理行为的客体

违反治安管理行为的客体，是指我国治安管理法律规范所保护的而为违反治安管理行为所侵害的社会关系。凡是违反治安管理行为，不论其表现形式如何，都必然侵害一定的客体，不存在没有侵害客体的违反治安管理行为。

根据违反治安管理行为所侵害的社会关系的不同层次，在法理上可以把违反治安管理行为客体分为一般客体、同类客体和直接客体。

(1)一般客体。违反治安管理行为的一般客体，是指一切违反治安管理行为所共同侵害的客体。一般客体揭示了一切违反治安管理行为社会危害性这一共同本质。

(2)同类客体。违反治安管理行为的同类客体，是指某一类违反治安管理行为所共同侵害的客体，即某一类违反治安管理行为所共同侵害的社会治安关系的某一部分或某一方面。根据《治安管理处罚法》对违反治安管理的行为进行分类，可以把同类客体划分为五类：扰乱公共秩序行为，同类客体是社会的公共秩序；妨害公共安全行为，同类客体是社会的公共安全；侵犯人身权利行为，同类客体是公民的人身权利；侵犯财产权利行为，同类客体公私财产权利；妨害社会管理秩序行为，同类客体是社会管理秩序。

(3)直接客体。违反治安管理行为的直接客体，是指某一具体违反治安管理行为直接侵害的客体，即治安管理法律规范所保护的社会关系的具体部分。例如,甲殴打乙,致使乙轻微伤害。在这里,甲侵害的直接客体就是乙的人身健康权利。在实际办理治安案件的过程中,对违反治安管理行为的定性,是按照其直接客体来确定的。

在我们认识违反治安管理行为的客体的时候,很容易将违反治安管理行为的客体和行为侵害的对象混为一谈。违反治安管理行为客体是一种社会关系,而违反治安管理行为对象则是社会关系的主体或物质表现。因此,违反治安管理行为的对象,是指该行为直接作用的物或者人,是违反治安管行为客体的物质载体或者主体承担者。它们的区别表现如下:

(1)是否决定行为的性质。违反治安管理行为客体决定违反治安管理行为的性质,而违反治安管理行为对象一般不决定违反治安管理行为的性质。某些违反治安管理行为对象相同但性质相异。例如,同是国家机关工作人员,在执行公务时被殴打与非执行公务时被殴打,行为对象相同,但行为性质是不一样的。因此分析认定具体的违反治安管理行为,不能只从行为所侵犯的对象去看,而是要透过行为对象去考察所侵害的客体。只有这样,才能正确认定违反治安管理行为的性质。

(2)是否一定被违反治安管理行为造成实际损害。任何一种违反治安管理行为都必然会使其行为客体受到侵害,但违反治安管理行为对象却不一定受到侵害,有的只受到一定影响。如妨害公共安全、妨害社会管理类行为,行为对象并非一定受到侵害。

(3)在违反治安管理行为中是否出现。违反治安管理行为客体是每一种行为必须具备的要件,没有无客体的违反治安管理行为。但并非每种违反治安管理行为都有行为对象,如非法持有少量毒品的行为,吸食、注射毒品的行为,赌博行为等等,都不存在行为对象。

2.违反治安管理行为的客观方面

违反治安管理行为的客观方面,是指违反治安管理行为的客观外在表现,包括违法行为和危害结果,以及实施违法行为的方法、时间、地点等。其中违法行为和危害结果是一切违反治安管理行为客观方面的必要要件,违法行为实施的方法、时间、地点等则是客观方面的选择要件。

违反治安管理行为表现为作为和不作为。

(1)作为,即行为人用积极的行动去实施治安管理法律法规所禁止的行为。《治安管理处罚法》规定的绝大多数行为都是以作为的形式表现出来的。

(2)不作为,即行为人有义务实行并且有条件实施某种行为,而消极地不履行这种义务。不作为构成违反治安管理是以行为人负有特定义务为前提。如申报户口和申领居民身份证是每个公民应尽的义务，如果具有上述义务的人不履行该义务，即构成不作为的违反治安管理行为。

危害结果，是指违反治安管理行为扰乱公共秩序，妨害公共安全，侵犯人身权利、财产权利，妨害社会管理所达到的最后的状态，是对治安管理法律规范所保护的社会治安管理秩序的损害。任何危害行为都会产生一定的危害结果，没有危害结果的行为不能称为危害行为。违反治安管理行为必须具有危害社会的结果或发生这种结果的可能性。从危害社会的结果看，各种违反治安管理行为有四种表现形式：一是有些违反治安管理行为，法律明确地把某种物质性危害后果的发生，作为违反治安管理行为的构成要件；二是法律虽未对危害后果做明确规定，但法律规定的违反治安管理行为应当是已经造成实际危害后果的行为，而不包括尚未造成实际危害后果的行为；三是法律规定实施某一特定的危害社会行为可能造成危害社会的构成违反治安管理行为；四是法律规定某些危害后果是非物质性的，即精神的，如名誉、人格等。

在这里，我们必须要弄清楚的还有一个问题，那就是危害行为与危害结果之间的因果关系。危害行为与危害结果之间的因果关系是指危害社会的行为与危害社会的结果之间的一种内在的、必然的、直接的联系。对这种因果关系的理解要注意掌握：因果关系的客观性；因果关系的相对性；认真区别结果发生的原因和条件；要区分造成危害社会结果的主要原因和次要原因；对共同违反治安管理行为中的因果关系，应当区别每一个行为人危害行为的原因程度以及与危害后果的关系，以分清责任的大小；要使行为人承担治安行政法律责任，不仅取决于危害行为和危害后果，还要取决于行为人在主观上有无过错。

选择要件，是根据《治安管理处罚法》的规定，某些违反治安管理行为在客观方面必须具备的要件，主要包括危害结果以及违反治安管理行为的时间、地点、方法等条件。

3.违反治安管理行为的主体

违法治安管理行为的主体，是指实施违反治安管理行为应当受到治安管理处罚的自然人或单位。违反治安管理行为的主体可以是自然人，也可以是机关、团体和企事业单位（通称法人）。也就是说，法人也可以成为违反治安管理行为的主体。

自然人作为违反治安管理行为的主体，应当具备以下条件：

（1）应当达到法定责任年龄。责任年龄，是指行为人对自己的违反治安管理行为应负法律责任所必须达到的年龄。根据《治安管理处罚法》的规定,可以把违法责任年龄划分为三个阶段:一是不满14周岁的人违反治安管理的,不予处罚;二是已满14周岁不满18周岁的人违反治安管理的,从轻或者减轻处罚(相对责任阶段);三是已满18周岁的人违反治安管理的,负全部违法责任。年龄的起算以年、月、日为单位,出生的当日不计算在内。

(2)应具有责任能力。责任能力,是指行为人能够辨认和控制自己行为的能力。对一般人来讲,只要达到了法定责任年龄即应视为具备责任能力。但是,也有一部分达到法定责任年龄的人,因为精神疾病或生理缺陷而在一定条件下不具有责任能力,因而不承担法律责任。《治安管理处罚法》规定了责任能力的三种特殊情况:

①精神病人的责任能力。根据《治安管理处罚法》第13条的规定,精神病人的责任能力在两种情况下视为丧失:一是不能辨认自己的行为,二是不能控制自己的行为。精神病人在这两种情况下实施违反治安管理行为,不具备责任能力,不承担法律责任,不予处罚。如果精神病人的精神疾病尚未达到不能辨认或者不能控制自己行为的程度,或者间歇性精神病人在精神正常时违反治安管理的,都不能视为无责任能力,而应给予处罚。

在确定违反治安管理的精神病人有无责任能力的问题上,应当由精神病鉴定机构进行司法鉴定或者由公安机关指定的精神病院进行鉴定,以确定其有无责任能力;无条件鉴定的,可以根据其病史和调查、走访认定。在鉴定时,主要鉴定两点:一是行为人在实施违反治安管理行为时,是否处在精神失常的状态中;二是这种疾病是否已经使行为人达到不能控制自己行为的程度。上述两个条件必须同时具备,才能确定行为人失去责任能力。

②盲人或者又聋又哑的人的责任能力。盲人是指双目失明的人,又聋又哑的人是指聋哑同时具备的人。盲人和又聋又哑的人是限制责任能力的人。他们尽管生理上有缺陷,但并没有丧失辨认和控制自己行为的能力,故没有完全丧失责任能力。但是,由于生理缺陷,使其辨认事物、接受教育和控制自己行为的能力都受到某些影响和限制,从而有可能在一定程度上影响他们对周围事物的了解,甚至做出错误的判断。故盲人或者又聋又哑的人违反治安管理的,可以从轻、减轻或者不予处罚。

③醉酒人的责任能力。醉酒的人在喝酒前,可以意识到过多饮酒会出现麻痹神经、无法控制自己行为的后果,完全可以少饮或不饮,以避免实施违反治安管理行为。因此,醉酒人应对自己的行为承担法律责任。对于醉酒人违

反治安管理的，在醉酒状态中，对其本人有危险或者对他人的人身、财产或者公共安全有威胁的，应当对其采取保护性措施约束至酒醒，待酒醒后再对其违反治安管理行为予以处罚。

单位违反治安管理行为，是指机关、团体、公司、企业、事业单位违反治安管理法律法规的规定，实施了危害社会的，依法应受到治安管理处罚的行为。《治安管理处罚法》第18条规定："单位违反治安管理的，对其直接负责的主管人员和其他直接责任人员依照本法的规定处罚。其他法律、行政法规对同一行为规定给予单位处罚的，依照其规定处罚。"该法是把单位违反治安管理的直接负责的主管人员和其他直接责任人员，作为承担违反治安管理行为法律责任的主体的。但其他法律、行政法规规定给单位给予处罚的，依其规定，此时对单位违反治安管理行为的处罚采用"双罚制"。

4.违反治安管理行为的主观方面

违反治安管理行为的主观方面，是指行为主体对自己实施的危害行为的结果所持的故意或过失的心理态度。

(1)违反治安管理行为的故意。所谓故意，是指违反治安管理行为的主体明知自己的行为会发生危害社会的结果，并且希望或者放任这种结果发生的主观心理态度。

违反治安管理行为的故意有两种：一种是对行为结果的故意，即明知自己的行为会发生危害社会的结果，并且希望或者放任这种结果的发生。如故意损坏公私财物，就是一种对行为结果的故意。另一种故意是实施行为的故意，即明知自己行为的内容和社会性质，并且希望或者放任这种行为的发生。

(2)违反治安管理行为的过失。所谓过失，是指违反治安管理行为的主体应当预见自己的行为可能发生危害社会的结果，由于疏忽大意而没有预见，或者已经预见而轻信能够避免，以致发生这种结果的主观心理态度。违反治安管理行为的过失有两种：一种是疏忽大意的过失，即指行为人应当预见自己的行为可能发生危害社会的结果，因为疏忽大意而没有预见，以致发生这种结果的主观心理态度；另一种过失是过于自信的过失，即行为人已经预见到自己的行为可能发生危害社会的结果，但是轻信能够避免，以致发生这种结果的主观心理态度。

(3)违反治安管理行为的目的与动机。违反治安管理行为的目的，是指行为人通过实施违反治安管理行为所希望达到的结果。违反治安管理行为的目的对行为目标的直接指向性，说明了具有目的的过错必须具有直接追求性。

间接故意只具有伴随性,过失对危害结果具有否定性,都不可能具有违反治安管理行为的目的,只有直接故意,才具有违反治安管理行为的目的。违反治安管理行为的动机,是指行为人实施违反治安管理行为的内心起因。它能够直接反映行为人的主观恶性程度和行为的社会危害性程度。

违反治安管理行为的动机与目的,是既有密切联系、又有原则区别的两种心理因素。同一行为目的,可能出于多种动机;基于同一行为动机,也可能形成多种目的。此外,动机和目的在一定条件下还可以互相转化。

(四)违反治安管理行为的表现形式

1.共同违反治安管理行为

共同违反治安管理行为,是指两人或两人以上为同一目的共同实施违反治安管理行为。《治安管理处罚法》第17条规定:"共同违反治安管理的,根据违反治安管理行为人在违反治安管理行为中所起的作用,分别处罚。"所谓分别处罚,是根据行为人在共同违反治安管理行为中所处的地位、所起的作用和情节、后果等分别确定不同的处罚。

共同违反治安管理行为具有如下特征:

(1)必须是两人或两人以上达到责任年龄、具有责任能力的人实施的。

(2)行为人必须是共同实施违反《治安管理处罚法》或其他治安管理法律、法规的行为。

(3)行为人在客观上必须有共同违反治安管理行为的作为或不作为,并构成同一种违反治安管理行为的事实。

(4)行为人在主观上只能是共同故意。

对共同违反治安管理行为的处罚,应依照《治安管理处罚法》第17条的规定,以行为人在共同违反治安管理过程中所起的作用分别进行处罚。对其中处于主导地位、起主要作用、情节严重的行为人应比处于胁从或服从地位、起次要作用、情节较轻的行为人处罚重。

教唆、胁迫、诱骗他人违反治安管理行为是常见的共同违反治安管理行为。教唆、胁迫、诱骗是三个不同的概念。教唆,是指以劝说、请求、刺激、挑拨等方式,促使他人违反治安管理行为。胁迫,是指用威胁、逼迫的强制方式使他人违反治安管理;诱骗,是指用诱惑、欺骗等手段,蒙骗他人违反治安管理。在实践中,上述3种行为既有单独实行、也有交叉实行的,只要实行了其中的一种行为,即可处罚。其中胁迫、诱骗他人违反治安管理的人,往往是共同违反治安管理行为的主犯,在实施违反治安管理行为中起主导作用,理所当然应对其从重处罚。对于教唆他人违反治安管理的人的法律责任,应分别根据不同情况定性处罚。教唆人教唆他人实行某种违反治安管理行为的,应按上述第一种情形处理;如果教唆未成年人实施违反治安管理行为的,则应按被教唆的行为从重处罚;教唆人在被唆使人着手实施行为之前能够悔悟,并且能有效地进行劝阻被教唆人停止实施违反治安管理行为时,可以不按共同违反治安管理行为论处;如果被教唆人实施违反治安管理行为时,超出了原教唆的范围,分别处罚时,教唆人只对其所教唆的行为负责;如果教唆时又有胁迫、诱骗行为,则对教唆人处罚时应考虑从重处罚。

2.数种违反治安管理行为

数种违反治安管理行为,是指一个人有两种或两种以上的违反治安管理行为。两种以上违反治安管理行为,包括不同类的,如扬言实施放火、爆炸、投放危险物质扰乱公共秩序的行为和盗窃的行为;同类不同项的,如以暴力、威胁或者其他手段强迫他人劳动的行为和非法限制他人人身自由、非法侵入他人住宅或者非法搜查他人身体的行为;同项不同名的两种行为,如诈骗和抢夺等。

数种违反治安管理行为发生的情形有:一是治安管理处罚未决定前,一人犯有数种违反治安管理行为的;二是治安管理处罚尚未执行完毕前,还有其他违反治安管理行为没有受到处罚且在法律有效的追究时效期限内的;三是治安管理处罚决定后尚未执行前,被处罚人又犯有新的违反治安管理行为的。

对数种违反治安管理行为的处罚,根据《治安管理处罚法》第16条的规定,有两种以上违反治安管理行为的,分别决定,合并执行。行政拘留处罚合并执行的,最长不超过20日。所谓分别决定、合并执行,是指对行为人实施的数种违反治安管理行为,先分别对每一种行为根据具体情况做出处罚决定,然后将决定合并在一起执行的方法。决定什么执行什么,决定多少执行多少,不同种类的处罚同时执行,同种类的处罚合并执行,即相加在一起,但行政拘留处罚合并执行的,最长不超过20日。

在认定数种行为还是一种行为时,其标准就是违反治安管理行为的构成要件,一种行为有一个违反治安管理行为的构成要件,数种行为有数个违反治安管理行为的构成要件。

根据《公安机关办理行政案件程序规定》第138条第1款的规定,一人有两种以上违法行为的,分别决定,合并执行,可以制作一份决定书,分别写明对每种违法行为的处理内容和合并执行的内容。

3.行为是不典型的一行为

行为数不典型,是指违反治安管理行为构成要件组合数的不标准形态。在内涵上,行为数不典型就是既非典型一行为也非典型数行为,而被视为一行为的违反治安管理行为构成形态;在外延上,行为数不典型包括两类:一类是一行为因行为延展性而形成的行为数不典型,另一类是数行为因行为整合性而形成的行为数不典型。行为数不典型的基本特征是,违反治安管理行为构成数量形态的不典型性。行为数不典型的违反治安管理行为的形态,主要包括以下几种类型:

(1)牵连行为,是指以实施某一违反治安管理行为为目的,而实施该行为的方法或手段又触犯了其他条款的行为。

(2)吸收行为,是指事实上是数个不同的行为,其中一行为吸收另一行为,仅仅成立一个违反治安管理行为的行为。行为之间之所以存在这种吸收关系,是因为前行为是后行为的必经阶段或后行为是前行为的必然结果。

(3)连续行为,是指违反治安管理行为人在一定时间内连续数次实施《治安管理处罚法》规定的同一种性质完全相同的违反治安管理行为。连续行为必须是出于同一目的,同时连续实施数个独立的性质完全相同的违反治安管理行为。

(4)继续行为,又叫持续行为,是指行为人在一定时间内不间断地持续实施同一种违反治安管理行为。如非法持有危险物品的行为。

(5)想象竞合行为,又称想象合并行为,是指行为人以一个违法犯意(故意或者过失)实施一种行为,产生数个危害结果,触犯治安管理法律规定的数种行为名称的行为。对想象竞合行为只按最重一项给予治安管理。

二、治安管理处罚及其相关知识

治安管理处罚是指对扰乱公共秩序,妨害公共安全,侵犯人身、财产权利,妨害社会管理,具有社会危害性,尚不够刑事处罚的,由公安机关给予的处理惩罚。

作为一种国家重要的公权力行使活动,治安管理处罚与广大公民的生活息息相关,正是由于其重要,国家就必须保障该权力的正确行使并采取各种措施保证其不被滥用而损害私权利。在强调人权保障的当代中国,如何协调人权保障和治安管理处罚之间的关系,是一项重大而紧迫的课题。

(一)治安管理处罚的种类

根据《治安管理处罚法》第10条规定,治安管理处罚的种类有警告、罚款、行政拘留、吊销公安机关发放的许可证四种。同时还规定,对违反治安管理的外国人,可以附加限期出境、驱逐出境的处罚。

1.警告

警告,是指公安机关对违反治安管理行为人,依法予以谴责和告诫,提出其行为的违法性、危害性,促使其认识错误,及时改正,防止再犯的一种最轻的治安管理处罚。适用对象可以是公民个人,也可以是单位或者其他组织。警告处罚从法理上划分属于行政处罚中的申诫罚。

警告处罚是一种最轻的治安处罚。一般适用于情节轻微或者后果较小的初犯、偶犯或未构成实际危害后果的违反治安管理行为。

警告处罚与警告处分相比,二者虽然都具有强制性,但前者是国家行政强制,后者却是单位内部的纪律强制;且二者的依据、实施主体和适用客体都是不同的。

警告处罚与批评教育相比,警告处罚是依法实施的行政处罚的方式,具有法律强制性;而对于批评教育,被批评教育的人可以接受,也可以不接受,即不具有强制性。

2.罚款

罚款,是公安机关依法对违反治安管理行为人,限令其在一定期限内向国家交纳一定数量货币的治安管理处罚。适用对象可以是公民个人,也可以是单位或其他组织。通过依法剥夺其部分合法财产,迫使其纠正违法行为。罚款从法理上划分属于行政处罚中的财产罚。

《治安管理处罚法》对罚款幅度进行了细化,具体分为:50元以下、50元以上200元以下、200元以下、200元以上500元以下、500元以上1000元以下、500元以上2000元以下、500元以上3000元以下、1000元以下、1000元以上3000元以下、1000元以上5000元以下、2000元以下、3000元以下和5000元以下等12种具体幅度。对严重违反治安管理行为,包括卖淫嫖娼、引诱、容留、介绍卖淫嫖娼等,在规定可以单处5000元以下罚款的同时,又规定如果情节较轻,可以单处500元以下罚款;对涉及淫秽物品、赌博、非法种植少量毒品原植物或非法运输、买卖、储存、使用罂粟壳等违法行为在规定可以并处3000元以下罚款的同时,又规定如果情节较轻,可以单处500元以下罚款;对涉及毒品的违法行为在规定可以并处2000元以下罚款的同时,又规定如果情节较轻,可以并处500

元以下罚款。对罚款数额幅度、档次做这些调整细化,既是从实际情况出发,符合我国现阶段国民收入实际水平,又对自由裁量权做了一定的限制和约束。

罚款处罚的本质是经济制裁性。法律之所以对违反治安管理行为规定实施罚款处罚,其目的是通过罚款依法剥夺违法行为人的合法财产,以达到抑制其违法心理的产生,遏制其违法行为的发生,从而预防和减少违反治安管理行为的产生。

但在执法实践中,公民应当注意以下几个方面的问题:一是要注意监督公安机关以罚款处罚代替批评教育。由于罚款处罚是一种经济制裁,被处罚人或多或少地在内心会产生不满情绪或对立态度。因此,在罚款处罚的过程中,必须坚持教育疏导,要严格依法告知,说明违法事实和处罚的理由、依据,使当事人明确自己行为的违法性和社会危害性,从而心服口服地接受处罚。二是要防止重罚款处罚而忽视警告处罚的倾向。三是要防止以罚款代替拘留处罚。四是罚款处罚要考虑被处罚人的经济承受能力,要从区域经济发展不平衡的实际出发确定罚款数额标准。五是决不能以罚款代替刑事处罚。

3.行政拘留

行政拘留,是公安机关对违反治安管理行为人,依法在一定期限内限制其人身自由的治安管理处罚。行政拘留从法理上划分属于行政处罚中的人身自由罚。

为了有效地保护公民的合法权利,《治安管理处罚法》对拘留处罚的自由裁量权做了一定的限制,规定了拘留处罚的期限档次分为5日以下、5日以上10日以下、10日以上15日以下拘留三个档次,且两种或两种以上违反治安管理行为,分别决定给予拘留处罚的,两者或数项合并相加执行拘留处罚的,最高期限只能为20日。

由于拘留处罚限制公民一定期限的人身自由,是行政处罚中最严厉的罚种。为了防止行政拘留的滥用或多家行政机关交叉使用,行政处罚法特别规定,行政拘留处罚职权只能由公安机关行使。

为了体现法律的人性化,进一步保护公民的合法权益,《治安管理处罚法》规定对下列人员不得执行行政拘留:一是已满14周岁、不满16周岁的;二是已满16周岁、不满18周岁,初次违反治安管理的;三是70周岁以上的;四是怀孕或者哺乳自己不满1周岁婴儿的。

4.吊销公安机关发放的许可证

吊销公安机关发放的许可证,是指公安机关针对持有其颁发的某种行政许可证或者执照的违反治安管理行为的公民、法人或者其他组织依法取消其从事该项活动资格和权利的处罚。吊销公安机关发放的许可证的处罚从法理上划分属于行政处罚中的资格罚。其作用在于中止或取消受处罚人从事某项活动的资格,以达到惩戒、制裁的目的。

吊销公安机关发放的许可证是一种取消行政相对人从事某种活动许可资格的行政处罚。目前由公安机关审批颁发的许可证主要有:特种行业许可证;危险物品生产、储存、运输、销售、使用、销毁许可证;爆破员作业证;消防、保安器材生产、销售许可证;各种护照、证件;驾驶执照、车辆牌照、通行证等等。如果公民、法人或者其他组织违反了公安机关颁发的许可证的有关规定,实施了违法行为,公安机关可依法吊销所颁发的许可证、执照,取消其从事该项活动的资格和权利。

对吊销公安机关发放的许可证表示不服的,可依照法律规定保护自己的合法权利。由于吊销许可证,直接涉及公民、法人和其他组织从事某种社会活动的资格和权利,公安机关应当在查清事实,取得确凿证据的基础上,慎重地依法决定,决不能匆忙草率决定。特别是对法人或者其他组织而言,吊销公安机关发放的许可证,是一种最严厉的行政处罚,因为许可证一旦被吊销,意味着其丧失了生产经营权,企业单位也就丧失了继续存在的资格和权利。为此,公民、法人或者其他组织对公安机关吊销所颁发的许可证表示有异议的,可在决定前要求举行听证;决定后仍表示不服的,可依法申请行政复议或提起行政诉讼,以维护自己的合法权利。对于因违法吊销许可证造成公民、法人或者其他组织的合法权利受到损害的,可依法要求行政赔偿。

5.附加限期出境、驱逐出境

限期出境,是专门适用于违反我国法律的外国人的一种行政处罚,即限令违法外国人必须在规定的期限内离开我国国境。此种处罚只能由公安部依据外国人入出境管理法决定。

驱逐出境,即采用强制手段,将违反我国法律的外国人依法驱逐出我国国境。作为一种行政处罚,与限期出境一样,必须由公安部依据外国人入出境管理法决定,适用于严重违反我国法律的外国人。驱逐出境的一般适用于下列情形的外国人:非法入境出境的;非法居留或停留的;未持有效旅行证件前往不对外国人开放的地区旅行的;伪造、涂改、冒用、转让入出境证件的;严重违反我国法律法规,或已受到我国法律制裁的,作为附加行政处罚。

根据《公安机关办理行政案件程序规定》,省级以下公安机关承办的案件,需要对外国人处以驱逐出境或者限期出境的,由省级公安机关报公安部决定后，由承办机关宣布并执行，同时通报同级人民政府外事部门。对外国人处以罚款或者行政拘留需附加驱逐出境、限期出境的，其罚款或者行政拘留由承办公安机关决定并执行。对外国人处以罚款或者行政拘留附加限期出境或者驱逐出境的，应当于罚款或者行政拘留执行完毕之后执行限期出境或者驱逐出境。

（二）治安管理处罚的法律适用

1. 从轻、减轻处罚与不予处罚

（1）从轻、减轻处罚与不予处罚的含义

从轻处罚，是指公安机关在《治安管理处罚法》等有关法律法规规定的处罚种类和处罚幅度档次范围内，对违反治安管理行为人适用较轻的处罚方式。如某一违反治安管理行为本应给予200元罚款，由于行为人符合从轻处罚的法定年龄或法定情节，则应当依法给予从轻处罚，即可给予100元以下或者50元以下数额相对较少的罚款；或者该违反治安管理行为本应给予拘留处罚，由于行为人符合从轻处罚的法定年龄或法定情节，则应当依法给予从轻处罚，即可给予规定拘留期限5日、10日、15日以下期限相对较短的拘留处罚。

减轻处罚，是指公安机关对违反治安管理行为人在《治安管理处罚法》等有关法律法规规定的处罚种类的幅度档次以下给予处罚，或者对应当依法并处的行为选择单处；对法定处罚种类的幅度以下无法再减轻处罚的，不予处罚。

不予处罚，是指对违反治安管理行为人的违法行为，由于法定条件的存在，根据《行政处罚法》《治安管理处罚法》等法律法规的规定，不予处罚。不予处罚的法定条件主要有：一是法定年龄。不满14周岁的人违反治安管理的，不予处罚；二是法定期限。违反治安管理行为在6个月内没有被公安机关发现的，不再处罚。三是不具备责任能力。精神病人在不能辨认或者不能控制自己行为的时候违反治安管理的，或者行为人的身体功能障碍，并非出于行为人的主观意愿而发生了违反治安管理行为的，不予处罚。

（2）从轻、减轻处罚或者不予处罚的法定年龄。第一，已满14周岁不满18周岁的人违反治安管理的，从轻或者减轻处罚。第二，不满14周岁的人违反治安管理的，不予处罚，但是应当责令其监护人严加管教。

（3）从轻、减轻处罚或者不予处罚的法定条件和情节

①不具备责任能力。所谓不具备责任能力，就是不能辨认和控制自己的行为，并对其行为不能承担责任能力，如精神病人在不能辨认或者不能控制自

己行为的时候违反治安管理的，不予处罚，但应当责令其监护人严加看管和治疗。

②盲人或者又聋又哑的人违反治安管理的，可以从轻、减轻处罚或者不予处罚。如何把握从轻、减轻处罚或者不予处罚的界限标准，根据教育与处罚相结合的原则以及主观故意从重，过失或无意识从轻或从无的法则，对盲人或者又聋又哑的人违反治安管理的行为可给予从轻、减轻处罚或者不予处罚的界限标准，主要是看盲人或者又聋又哑的人发生违反治安管理的行为，是否属于主观故意还是过失或者无意识。对于盲人或者又聋又哑的人是主观故意或者过失发生的违反治安管理行为，给予治安管理处罚，但应当依法从轻、减轻处罚。对于盲人或者又聋又哑的人是无主观故意的无意识违反治安管理行为，应当不予治安管理处罚。即盲人或者又聋又哑的人由于生理缺陷的原因，即存在着生理功能障碍，不能对自己的行为加以控制，并非出于主观意愿而发生违反治安管理行为，则应当不予处罚。

(4)违反治安管理行为有下列情形之一的，可依法减轻处罚或者不予处罚：

①情节特别轻微的。是指行为人虽然实施了违反治安管理行为，但这种行为对社会、他人造成的危害性较小，且实施的方式、程度和主观犯意均较轻。

②主动消除或者减轻违法后果，并取得被侵害人谅解的。违反治安管理行为人由于一时冲动而发生违反治安管理行为，事后经他人谴责或者自我内心反省，认识到自己行为的危害性和违法性，于是采取主动方式努力消除或者减轻由于自己的违法行为所带来的危害后果，并取得了被侵害人的谅解，则可依法予以减轻处罚或者不予处罚。因为处罚的目的就是为了促使违法行为人认识自己行为的危害性和违法性，并得到切实的纠正。既然行为人已经主动消除或者减轻违法行为的后果，有了悔改的实际行动，理所应当可给予减轻或者不予处罚。

③出于他人胁迫或者诱骗的。出于他人胁迫，是指行为人由于处于被动或者从属地位或者被人抓住把柄，并非出于自愿，而是在他人的威胁逼迫下实施了违反治安管理行为。出于他人诱骗，是指行为人由于受到他人利诱或者蒙骗，并非完全出于自愿或者不知道自己行为的后果，而实施或者发生了违反治安管理的行为。

④主动投案，向公安机关如实陈述自己的违法行为的。根据教育与处罚相结合的原则，处罚的目的是为了教育违反治安管理行为人认识自己的违法

行为,纠正错误,行为人能够主动到公安机关投案,如实陈述自己的违法行为,证明行为人已经认识到自己行为的违法性,有改正错误的实际行动,即可针对案情予以减轻或者不予处罚。

⑤有立功表现的。违反治安管理行为人经公安机关或者其家人、单位组织的教育引导,不仅如实向公安机关陈述自己的违反治安管理行为,而且检举揭发他人的违法行为,为公安机关等执法机关提供查明事实,破获案件的信息线索和事实证据,为破获案件,抓获违法犯罪分子立了功,可依法减轻或者不予处罚。

2.从重处罚

从重处罚,是指公安机关对违反治安管理行为人,在《治安管理处罚法》等法律法规规定的处罚范围内适用较重的处罚种类,或在同一种类处罚中适用较高幅度档次的处罚。设定从重处罚的规定,与设定从轻、减轻处罚或者不予处罚的规定都是教育与处罚相结合原则的具体体现,目的是为了区别对待,贯彻以人为本、实事求是的理念。以教育引导公民、法人或者其他组织遵守法律法规,一旦发生违法行为,应当主动及时改正错误,争取宽大处理。而对屡教不改,不仅自己违法,还要教唆、胁迫、诱骗他人违法或者打击报复证人等,则应当依法从重惩处,以儆效尤。

根据《治安管理处罚法》等法律法规的规定,违反治安管理有下列情形之一的,应当从重处罚:

(1)有较严重后果的。所谓有较严重后果,是指违反治安管理行为在同类行为中情节相对较严重,经济损害价值相对较大,危害性相对较大,社会反响相对较大,属于认定违反治安管理行为中的社会危害性的上限,与犯罪行为的社会危害性的下限较接近,应当给予从重处罚。

(2)教唆、胁迫、诱骗他人违反治安管理的。教唆、胁迫、诱骗他人违反治安管理的行为,属于特殊性质的共同违反治安管理行为,虽然有时教唆、胁迫、诱骗人自己没有直接参与他所教唆、胁迫、诱骗的违反治安管理行为,但教唆、胁迫、诱骗人在违法行为中处于主要地位,且违法性质恶劣,应当依法按其所教唆、胁迫、诱骗的违反治安管理行为从重处罚。

(3)对报案人、控告人、举报人、证人打击报复的。任何打击报复报案人、控告人、举报人、证人的都是法律所不允许的,这些行为是对社会主义的挑战,应当从重受到治安处罚。

(4)六个月内曾受过治安管理处罚或者一年内因同类违法行为受到两次

以上公安行政处罚的。

(5)刑罚执行完毕、劳动教养解除三年内,或者在缓刑期间,违反治安管理的。

(6)阻碍人民警察依法执行职务的行为。

(7)冒充军警人员招摇撞骗的行为。

3.应当处罚与可以处罚

(1)应当处罚。即对《治安管理处罚法》等法律法规规定应当处罚的行为必须给予处罚。应当处罚是绝对的、必然的、硬性的规定。《治安管理处罚法》所规定应当予以处罚的行为,主要是以下几种:

①间歇性的精神病人在精神正常时违反治安管理的,应当给予处罚。所谓间歇性精神病人是指大脑功能紊乱呈间断性,未发病时,主观意识是清楚的,与正常人并无区别,即他是具有完全责任能力的人,与正常人一样,对自己的行为应当负法律责任,故违反治安管理的,应当给予处罚。但有精神病史的人,其违反治安管理行为发生时精神是否正常,必须经司法鉴定才能确认。

②醉酒的人违反治安管理的,应当给予处罚。人在过量饮酒后会出现神经麻痹,无法控制自己行为的后果。但醉酒的人在饮酒前是清醒的,完全能够意识到过量饮酒的后果,可以控制自己少饮酒或不饮酒。因此,《治安管理处罚法》第15条规定:醉酒的人违反治安管理的,应当给予处罚。在醉酒时发生违反治安管理行为,应对行为人先予以约束,待约束至酒醒后再依法处罚。

(2)可以处罚。是指公安机关根据违反治安管理行为的具体情节、危害后果,选择可以采取的处罚内容和方式。例如,《治安管理处罚法》第14条规定,盲人或者又聋又哑的人违反治安管理的,可以从轻、减轻或者不予处罚。那么,是给予从轻处罚,还是减轻处罚,还是不予处罚,则由公安机关依据具体案情进行自由选择适用。再如,《治安管理处罚法》增加了许多可以并处罚款的规定,但是否要并处罚款,也是由公安机关针对案情自由选择适用。可见,可以处罚是一种相对的、选择性的、或然性的规定,它赋予了公安机关一定的自由裁量权。

(三)与治安管理处罚的相关法律措施

1.约束

约束,是指公安机关限制特定行为人人身自由的一种保护性和预防性行政强制措施。约束适用于两种对象:一是醉酒的人在醉酒状态中,对本人或者对他人有危害的情况下,对其所采取的限制行动到酒醒的一种措施。二是对严重危害公共安全或者他人人身安全的精神病人所采取的保护性限制行动的安全措施。

约束是一种限制人身自由的治安行政强制措施,在适用对象上必须严格掌握,只限于失去自控能力的醉酒的人和精神病人,如果不采取限制人身自由的约束措施,对自身安全或者公共安全、他人安全将会造成危害。公安民警在执勤中或接到报告,要判明情况,确认符合约束的对象条件,经所、队领导批准,方可采用。约束的器材应当使用约束带或警绳,没有构成违反治安管理行为的不得使用手铐等械具。严禁公安机关利用约束手段变相惩罚当事人或者达到逼供目的。在约束过程中,公安机关要尊重和维护被约束人的人格尊严。约束的地点应在室内,不得在室外,更不得在大庭广众之下进行。约束的措施一经采用,应当派专人看护,防止发生意外。当被约束人酒醒或神志、行为稳定时,应当立即解除约束。

2.取缔

取缔,是公安机关对未经批准取得法定许可证、执照或者未经依法注册登记而非法开展经营活动、社团活动的单位或组织,依法取消并禁止其开展非法经营活动或者社团活动的治安行政强制措施。例如,《治安管理处罚法》第54条规定,违反国家规定,未经注册登记,以社会团体名义进行活动,被取缔后仍进行活动的;被依法撤销登记的社会团体,仍以社会团体名义进行活动的;未经许可,擅自经营按照国家规定需要由公安机关许可的行业的。公安机关在依法对其处以拘留、罚款处罚的同时,对其依法予以取缔。

3.收缴

收缴,公安机关对公民、法人或者其他组织非法生产、储存、运输、买卖、使用、持有、携带的违禁品依法予以查收缴获。收缴以后,公安机关依照有关法律法规的规定,予以销毁等处理。

对在办理行政案件中查获的下列物品应当依法收缴:

(1)毒品、淫秽物品等违禁品;

(2)赌具和赌资;

(3)吸食、注射毒品的用具;

(4)伪造、变造的公文、证件、证明文件、票证、印章等;

(5)倒卖的车船票、文艺演出票、体育比赛入场券等有价票证;

(6)主要用于实施违法行为的本人所有的工具以及直接用于实施毒品违

法行为的资金;

(7)法律、法规规定可以收缴的其他非法财物。

4.追缴

追缴,对违反治安管理所得的财物,公安机关依法予以追回缴获。实施追缴时,办案单位应当向违反治安管理行为人出具《追缴决定书》,对其中属于被侵害人的物品要依法退还;对于查无被侵害人的,要登记造册,公开拍卖或者按国家有关规定处理,所得款项上缴国库。

5.责令监护人严加管教、严加看管和治疗

责令监护人严加管教,是指公安机关依法对不满14周岁的违反治安管理行为人,做出不予处罚的同时,责令其监护人要严格进行教育管理的措施。

责令监护人严加看管和治疗,是指公安机关依法对在不能辨认或者不能控制自己行为的时候违反治安管理的精神病人,责令其监护人严加看管和治疗的措施。

这两项措施是公安机关对特定的违反治安管理行为人依法采取的治安管理处罚的辅助措施。

6.责令12个月不得进入体育场馆观看同类比赛

为了有效地维护体育比赛场馆的秩序,防止行为过激人员对比赛场馆的危害,《治安管理处罚法》第24条规定,因扰乱体育比赛秩序被处以拘留处罚的,可以同时责令其12个月内不得进入体育场馆观看同类比赛;违反规定进入体育场馆的,强行带离现场。

7.强制性教育措施

根据《治安管理处罚法》第76条规定,有引诱、容留、介绍他人卖淫行为的;有制作、运输、复制、出售、出租淫秽的书刊、图片、影片、音像制品等淫秽物品或者利用计算机信息网络、电话以及其他通信工具传播淫秽信息行为的;有以营利为目的,为赌博提供条件的,或者参与赌博赌资较大的,屡教不改的,可以按照国家规定采取强制性教育措施。当前强制性教育措施主要是收容教育。

收容教育是根据国务院《关于卖淫嫖娼人员收容教育办法》的规定,对卖淫嫖娼人员依法予以治安管理处罚后,强制其在专门收容教育场所接受教育,进行性病检查、治疗而采取的行政强制教育措施。

①收容教育的对象。只要实施了卖淫嫖娼行为,尚不够劳动教养的,均可以实行收容教育。如果在检查中发现患有性病,在收容教育中强制治疗。有下列情形之一的卖淫嫖娼人员,可以不予收容教育:一是年龄不满14周岁的;

二是患有性病以外其他急性传染病的;三是怀孕或哺乳本人所生1周岁以内婴儿的;四是被拐卖、强迫卖淫的;五是对外国人(含无国籍人)一般不实行收容教育。

②收容教育的审批执行。收容教育案件由县级公安机关审批决定,在收容教育所执行,期限为6个月到2年。

③对收容教育不服可提出申诉。被收容教育人员如不服公安机关的决定,可依法申请复议,对复议决定不服的,可依法向人民法院提起行政诉讼。

三、公安机关在治安管理处罚实践中容易侵害公民权利的问题

(一)违法行政现象时有发生

1.执法主体不合法。实践中,诸如治安联防队员、治安协管员等不具备执法主体资格的人员参与甚至独立行使执法权,产生了很多侵犯人权的现象。

2.越权实施执法行为。由于公安机关的领导体制问题,一些最基层公安机关受"块"的制约严重,时常越权参与当地党委政府组织的非警务活动中,如在征税、整治市场秩序、计生工作、城市管理、殡葬改革,越权实施公安行政强制措施,给人权带来了巨大威胁。

3.公安行政强制措施适用不当。个别民警对公安行政强制的适用范围不能严格掌握,常不加区分地适用于不具备事实条件的对象,侵犯了人权。

2002年2月,某市汽运公司司机王某驾驶公司一辆货车,行驶途中货车发生故障冲入非机动车道,将骑自行车的李某撞伤。因王某及汽运公司均不支付李某的医疗费,该市公安局交警大队在做出事故责任认定后,将汽运公司前来进行车辆检验的一辆与事故无关的小轿车扣押,通知汽运公司支付医疗费后方能领车。汽运公司不服,向上级机关申请行政复议。在复议机关的纠正下,交警大队对小轿车解除扣押。

4.行政执法的动机不当。为了"创收",有的公安机关借用行政强制手段进行乱收、乱罚、乱摊派的现象时有发生。

5.适用法律措施强度不当。个别民警在适用行政强制措施时,没有考虑到强制程度的把握,随心所欲延长强制时间,从重适用强制程度,给人权造成很大损害。一方面,表现在日常管理中,个别干警人权意识淡薄,观念落后,工作方法简单粗暴,仍存在衙门作风和官僚习气,漠视被管理者的权利。另一方面,表现在教育性行政强制措施问题突出,在选择法律措施时时轻时重,不符合"比例原则"。

(二)法律适用认识错位

1.对公民人格尊严缺乏尊重。《世界人权宣言》第1条规定:“人生而自由,在尊严和权利上一律平等。他们富有理性和良心,并应以兄弟关系的精神相对待。”《公民权利和政治权利国际公约》第10条第1款规定:“所有被剥夺自由的人应给予人道及尊重其固有的人格尊严的待遇。”但在治安处罚中,少数办案人员缺乏对当事人特别是对违法嫌疑人的人权保障意识,对违法嫌疑人侮辱、讥讽甚至辱骂、体罚,缺少对他们的必要尊重。对待一些社会弱势群体,办案人员高人一等的心态在语言和行为上表现得更为突出。个别民警长期以来形成了一种思维定式和行为惯性,像看待违法犯罪人一样来看待多数人。还有的办案机关在执行处罚的同时,以“发布”公告、通告、通知等形式,试图罚一儆百或达到所谓的“社会效果”,这实际上是古代耻辱罚的翻版。

2.滥用治安处罚权。本来治安处罚权的行使有着严格的规定,可是,实践中一些公安机关往往违反规定,滥用治安处罚权,其中乱罚款、乱没收的现象最为严重。经常表现为:第一,不按法律规定罚款,受经济利益驱使巧立名目或证据不足甚至没有证据罚款谋取钱财。这查处卖淫嫖娼案件中表现得尤为突出,办案机关及其人员利用当事人的羞怯心理,在证据不足的情况下,仍然对其课以罚款,当事人为息事宁人怕有负面影响只好忍气吞声,交钱了事。第二,“态度罚”。即执法人员在做出处罚决定时,如果违法行为人申辩,执法人员就提高罚款的金额以示对其惩戒,这在做出当场处罚或当场开具处罚通知单时,经常出现。第三,罚款、没收不开罚没收据,打白条或者开收款凭证。第四,超范围扣押物品,在扣押期间私自使用。

3.对自由裁量权缺少有效的制约和监督。具体表现有:第一,忽视法定从重或从轻情节,处罚随意性大。第二,同案中相同情况却作不同处罚。第三,身份上的歧视。有些办案机关及其人员往往把违法行为人的身份作为量刑的重要因素来考虑,根据其社会地位、职业差别、有无权势,甚至户籍差别等身份条件来决定治安处罚的种类和幅度,这种限制、削减一部分人的基本人权,而优先保障另一部分人享有基本人权的做法,是违背人权宗旨的。实践中还有傍官、傍大款的倾向。第四,仍然身体力行“坦白从宽,抗拒从严”的方针,量罚畸轻畸重。第五,量罚时受“人情”因素影响较大,随意裁量。第六,以罚代拘、降格处罚现象泛滥。

4.漠视治安处罚程序,“重实体、轻程序”的思想在很多民警头脑中根深蒂固。一是步骤欠缺。这在治安处罚的每一个环节都有可能出现。例如,缺少传唤手续、没有通知被传唤人的亲属、询问未成年人时无监护人到场、不告知被询问人的法定权利、调查中不出示工作证件、省略行政处罚事先告知程序、处罚决定书不抄送受侵害人等等。二是顺序颠倒。法律规定的处罚程序是有着时间上的先后顺序的,不能缺失,也不能颠倒,否则会导致治安处罚无效。而实践中,这种顺序颠倒现象并非少见。例如,传唤手续在案件办结后补、先决定再调查、先收缴现金,做出决定后充缴罚款等。三是形式违法。无论实体或程序都必须通过一定的形式表现出来。然而,少数民警对此认识不足,认为形式对办案无所谓,由此出现仅凭罚没收据处罚违法行为人,有的收据没有加盖本单位公章、处罚决定书填写不完整、收款后不开据或者打个收条等现象,这些不仅是在规避上级公安机关的监督,而且严重侵犯了被处罚人的合法权益。四是时限违法。实践中有超过法定办案期限办案、已过追诉时效仍追究违法行为人的法律责任、不严格执行听证期限规定、随意超过询问查证时间等时人权保障在治安管理处罚中的彰显与完善限违法行为,这都是严重侵犯人权的。

【典型案例】

案例一　经行政调解达成的协议具有法律效力①

胡某是一名建筑包工头,钱某系胡某的雇佣人员。2009年8月,胡某与钱某因工资问题发生纠纷,在纠纷中,胡某将钱某的右眼打伤,后经公安机关调解,胡某与钱某自愿达成调解协议,协议约定:胡某一次性赔偿钱某人民币1200元(医药费误工费等)及一次性支付原告工资款2000元,钱某与胡某承诺相互不再追究对方责任。该调解协议所确定的款项履行完毕后,钱某反悔,向法院起诉,要求胡某支付损害赔偿金及精神抚慰金共计总计40885.46元。

案例二　适用检查、扣押法律措施必须符合法定的条件

2006年4月1日晚上8点30分左右某市效益村经营诊所的个体医生东方某和妻子李某吃完晚饭后在家看“黄碟”,由于播放的声音比较大,被群众发现并向110指挥中心报警。110指挥中心接到举报后立即指派某市安分局前往查

①资料引自:110法律咨询网,网址:http://www.110.com/ziliao/article-214421.html,作者:曲振强。访问日:2012年4月20日。

处。某市公安分局迅速组织警力前往调查。前往调查的某市公安分局民警赶赴现场后找借口进入个体医生东方某的家中,并要求个体医生东方某和妻子李某交出“黄碟”,但遭到了个体医生东方某和妻子李某的拒绝。双方为此发生了冲突。办案民警依法以涉嫌阻碍国家机关工作人员依法执行职务为由,以口头传唤的方式,将个体医生东方某和妻子李某带回某市公安分局进一步调查。同时某市公安分局对个体医生东方某的家进行检查,并且依照《治安管理处罚法》第89条的规定,将现场检查到的6张“黄碟”连同播放“黄碟”的影碟机和电视机一起作为证据,适用扣押的法律措施带回某市公安分局。当日,某市公安分局向个体医生东方某出具了《扣押物品决定书》和《现场扣押物品清单》。根据《治安管理处罚法》第90条的规定,依法指派治安科具有鉴定资质的民警对扣押的碟片内容进行鉴定,并依法制作鉴定意见书。

某市公安分局按照《治安管理处罚法》第50条第2款的规定,以阻碍国家机关工作人员依法执行职务的违反治安管理行为定性,决定予以东方某5日拘留,并处罚款100元的处罚。根据《治安管理处罚法》第11条的规定,依法收缴经过公安机关治安管理部门鉴定确定为淫秽物品的黄色碟片6张。

案例三 打架斗殴被拘留且罚款处罚不合理[1]

崔安民、窦永红、王林兵、布冷丽同是安钢水冶永通公司铸管车间工人。2008年3月9日凌晨崔安民、窦永红、王林兵、布冷丽一同在该车间涂沥青段工作。深夜两点多崔安民与窦永红、布冷丽二人因为琐事发生口角。尔后,三人从地上拿起打包用的木板互相殴打起来。在厮打过程中,崔安民将窦永红与布冷丽打伤。王林兵劝阻并将崔安民从身后抱住。后来闻讯赶来的多名工友一同劝阻,才制止双方的殴斗。之后,崔安民便驾驶摩托车离开。该公司武装保卫科的工作人员将窦永红、布冷丽二人送到安钢水冶铁厂医院进行治疗,并于当日上午9时许向安阳县水冶广场派出所进行了报案。水冶广场派出所于当日立案后,便展开调查。在办案过程中,其于2008年4月9日以案情重大复杂为由向安阳县公安局申请了延期,该局于当日审批了该申请。2008年3月13日窦永红、布冷丽向被告提出了法医鉴定的申请。被告当日受理后,于2008年3月17日做出了公(安阳县)鉴(活检)字(2008)395号、394号鉴定书结论分别是窦永红、布冷丽二人损伤属轻微伤。并于当日将该鉴定送达给窦永红、布

① 资料引自:本地宝.律师网,网址:http://lvshi.gz.bendibao.com/news/201056/43860.shtm。访问日:2012年6月16日。

冷丽二人。之后,被告于2008年5月15日对崔安民做出了行政拘留10日,并处罚款500元的处罚。当日将处罚决定书分别送达给崔安民、布冷丽、窦永红三人。2008年7月9日崔安民对该处罚决定书不服向本院提起了行政诉讼。另查明,崔安民的行政拘留现已执行完毕。

案例四 派出所民警滥用处罚应依法追究行政法律责任

2006年5月18日晚7时30分,女青年刘某某在秦川市芙蓉镇奥运宾馆迎宾楼与自己认识的一名在芙蓉镇奥运宾馆住宿的男客人刘某打招呼并且交谈时,突然被冲进芙蓉镇奥运宾馆的秦川市公安局芙蓉镇派出所民警吴某和胡某以涉嫌卖淫嫖娼为由,对刘某和刘某某两人进行口头传唤,并带回芙蓉镇派出所询问,要求两人交代自己实施卖淫嫖娼行为的违法事实。两人拒绝承认自己实施卖淫嫖娼行为。在没有查出行为人实施卖淫嫖娼行为任何事实后,芙蓉镇派出所民警吴某和胡某又用手铐将两人的双手反铐在窗台上近1个小时。最后芙蓉镇派出所民警仅凭芙蓉镇奥运宾馆迎宾楼一名服务员提供的证据,认定行为人刘某和刘某某已经就卖淫嫖娼的有关事宜达成了协议,构成了卖淫嫖娼的违反治安管理行为。

芙蓉镇派出所根据《治安管理处罚法》第66条第1款的规定,并报请秦川市公安局批准,决定对行为人刘某以嫖娼行为认定,因为行为人已经谈妥价格,但是尚未发生性关系,属于《治安管理处罚法》第66条第1款规定的情节较轻的情节,决定予以刘某罚款500元的处罚;认为行为人刘某某也符合已经谈妥价格,但是尚未发生性关系,属于《治安管理处罚法》第66条第1款规定的情节较轻的情节,决定对行为人刘某某以卖淫行为认定,决定予以刘某某罚款400元的处罚。

【以案说法】

案例一 经行政调解达成的协议具有法律效力

经行政调解达成的协议是否具有法律效力?对此有两种观点:

观点一:原被告在公安机关主持下达成的调解协议不违反法律规定,对双方都有约束力。协议已履行完毕,原告的诉求于法无据,应判决驳回原告的诉求。

观点二:公民的人身权利依法受法律保护。原告受雇于被告,虽经过调解处理,但原告根据伤情寻医问诊,住院治疗是必要的。原告的诉求合乎情理,应予支持。

笔者倾向第一种观点。

行政调解,是国家行政机关依照法律规定,在其行使行政管理的职权范围内,对特定的民事纠纷及轻微刑事案件等进行的调解。我国《治安处罚法》规定,对于因民间纠纷引起的打架斗殴等违反治安管理的行为,情节轻微的,公安机关可以调解处理。钱某与胡某因工资纠纷而互殴,致使钱某右眼受伤,后经公安机关调解,达成了调解协议,该调解属于行政调解。

关于行政调解的效力,最高人民法院2009年7月公布的《关于建立健全诉讼与非诉讼相衔接的矛盾纠纷解决机制的若干意见》第八条规定,行政机关依法对民事纠纷进行调处后达成的有民事权利义务内容的调解协议……经双方当事人签字或者盖章后,具有民事合同性质,法律另有规定的除外。该意见明确了行政调解协议具有民事合同的性质,行政调解协议应当符合合同法的规定。

综上,胡某与钱某在公安机关主持下达成的协议具有民事合同的性质。作为协议的当事人,胡某和钱某都应当受到协议的约束,人民法院审理此类案件自然也应当适用合同法,按照法律对合同的规定来处理相关问题。除非该调解协议违背胡某或钱某意愿,比如存在欺诈、胁迫、乘人之危、重大误解等,或调解协议内容违反法律、行政法规的强制性规定,该调解协议应具有法律约束力。因此,原告钱某即便起诉,也应以调解协议具有上述违背当事人意愿情形或者违反法律法规的情形为由,要求人民法院对该协议进行审查,从而做出变更协议或者确认协议无效的判决。原告无视行政调解协议的合同效力,径直提起损害赔偿诉讼,违背意思自治的私法理念,其诉求不应该得到法院的支持,理应被驳回。

案例二 适用检查、扣押法律措施必须符合法定的条件

从本案的办案程序以及适用检查、扣押法律措施情况看,存在明显的瑕疵。

1.不符合法定检查程序。检查公民住所时,没有出示人民警察工作证件和县级以上人民政府公安机关开具的检查证明文件,也没有制作检查笔录。而按照《治安管理处罚法》第87条和第88条的规定:出示县级以上人民政府公安机关开具的检查证明文件是检查公民住所时的必要证件。

2.适用扣押法律措施没有当场制作扣押清单一式两份，并且没有被扣押物品的所有人、见证人和民警当场签名，而是将物品扣押到派出所后才向东方某出具了《现场扣押物品清单》。因此公安机关在本案中，具体适用检查和扣押法律措施过程中存在着瑕疵。

3.对行为的定性错误。阻碍国家机关工作人员依法执行职务的行为，必须是：第一，行为人在主观上必须是明知是国家机关工作人员依法执行职务而仍然阻碍；第二，国家机关工作人员必须是正在依法执行公务。本案中行为人实施的"阻碍"行为是在公安机关执法人员未依法定程序进行执法活动的特定情境下实施的。因此，行为人主观上并无存在故意的过错，客观上阻碍也并非是国家机关工作人员依法执行职务的行为，因此，不构成违反治安管理行为。

案例三　打架斗殴被拘留且罚款处罚不合理

该案件经法院审理后认为，根据《中华人民共和国治安管理处罚法》第7条的规定，被告享有对本辖区内违反治安管理行为给予处罚的职权。1.在事实方面，被告依据高某、潘某、王某、杨某、杨某某、乔某、崔安民、窦永红、布冷丽、王林兵的询问笔录以及窦永红、布冷丽的法医鉴定书，安钢水冶永通公司武装保卫科的证明材料，窦永红、布冷丽的伤情照片等证据可以证明崔安民殴打窦永红、布冷丽的事实，且原告所述崔安民未打窦永红、布冷丽的事实是没有提供相应的证据证明，对原告的请求本院不予支持。被告据以做出处罚决定证据充分，认定的事实清楚；2.在程序方面，依据《中华人民共和国治安管理处罚法》第九十九条的规定，被告于2008年3月9日受理该案，同年4月9日办理了延期30日的审批手续，除去对窦、布二人的鉴定期间，其超期办理了该案，属程序存在瑕疵，但该瑕疵，不足以导致该行政行为被撤销。另依据《治安管理处罚法》第81条的规定，原告以承办人曾对其做出处罚为由申请过回避，但未提供证据且亦不属于第81条规定的回避情形之一，故对原告该项请求，本院不予支持。因此，被告做出处罚决定的程序合法；3.在适用法律方面，原告提出其提供郝某的出庭证言来证明其有投案自首的情节，而被告未采纳。恰巧与被告在办案期间询问郝某的证言互相印证了崔安民向公安机关投案之前，已被武装保卫科的工作人员扭送到公安机关接受询问时坦白了其打伤窦永红、布冷丽二人的事实，故依据法律规定该自首情节不成立。故被告对其做出的处罚决定适用的法律并无不当。对原告所述理由本院不予采纳。综上所述，依据《最高人民法院关于执行〈中华人民共和国行政诉讼法〉若干问题的解释》第56条第4项之规定，并经本院审判委员会研究决定，判决如下：

驳回原告崔安民的诉讼请求。

案件受理费50元，其他诉讼费300元，共计350元，由原告负担。

争议焦点：本案中，安阳公安局的治安处罚行为有没有违法？

法理评析：2005年8月28日第十届全国人民代表大会常务委员会第十七次会议通过了《中华人民共和国治安管理处罚法》，这对规范治安管理有很大的指导意义。

本法的第7条规定：国务院公安部门负责全国的治安管理工作。县级以上地方各级人民政府公安机关负责本行政区域内的治安管理工作。

治安案件的管辖由国务院公安部门规定。

所以在本案中，被告安阳县公安局有权利管理本辖区内发生的治安社会治安案件，不存在主体的不适格。

本法的第9条也规定：对于因民间纠纷引起的打架斗殴或者损毁他人财物等违反治安管理行为，情节较轻的，公安机关可以调解处理。经公安机关调解，当事人达成协议的，不予处罚。经调解未达成协议或者达成协议后不履行的，公安机关应当依照本法的规定对违反治安管理行为人给予处罚，并告知当事人可以就民事争议依法向人民法院提起民事诉讼。由于在本案中，原告的行为造成了另外两位第三人的身体伤害，且都已经构成轻微伤，所以被告有权利对原告违犯治安管理的行为进行处罚。

那么处罚的具体规定，法律进行了明确规定。就在本法的第10条，治安管理的处罚种类为：警告、罚款、行政拘留和吊销公安机关发放的许可证四种以及专门适用于外国人的处罚措施。

在本案中，基于原告打架斗殴造成另外两名当事人的身体伤害，被告对其处以500元罚款和行政拘留10日的处罚并不违法。

因为该法第26条规定：有下列行为之一的，处5日以上10日以下拘留，可以并处500元以下罚款；情节较重的，处10日以上15日以下拘留，可以并处1000元以下罚款：

（一）结伙斗殴的；

（二）追逐、拦截他人的；

（三）强拿硬要或者任意损毁、占用公私财物的；

（四）其他寻衅滋事行为。

最后,基于对主动投案当事人的奖励,鼓励大家遵守法律,我国法律规定里相关的减轻处罚的适用规则。于是该法第19条规定了有下列情形之一的,减轻处罚或者不予处罚条文:

(一)情节特别轻微的;

(二)主动消除或者减轻违法后果,并取得被侵害人谅解的;

(三)出于他人胁迫或者诱骗的;

(四)主动投案,向公安机关如实陈述自己的违法行为的;

(五)有立功表现的。

然而本案的当事人并没有这些情节,所以本案的被告对原告的处罚并无不当处罚,被告的处罚完全合法。

案例四　派出所民警滥用处罚应依法追究行政法律责任

秦川市公安局芙蓉镇派出所对此案的处理决定是错误的:

1.定性错误。女青年刘某某在秦川市芙蓉镇奥运宾馆迎宾楼与自己认识的一名在芙蓉镇奥运宾馆住宿的男客人刘某打招呼并且交谈,是公民之间正常的交往活动。办案民警主观臆断,在当事人没有承认,又无其他证据证明的情况下,仅凭一名服务员的指认,就将刘某某和刘某的行为定性为卖淫嫖娼的违反治安管理行为,证据不够充分,属于定性错误。

2.在刘某和刘某某拒绝承认自己实施卖淫嫖娼行为的情况下,芙蓉镇派出所民警吴某和胡某又用手铐将刘某和刘某某两人的双手反铐在窗台上近1个小时,已经构成了《治安管理处罚法》第116条第1款规定的刑讯逼供、体罚、虐待、侮辱他人行为,因为尚未造成严重的危害后果,因此应当依法追究办案民警吴某和胡某的行政违法责任,依法给予行政处分。并责令其向刘某和刘某某赔礼道歉,消除其所造成的不良影响。

3.程序违法。实体的公正当然是公正,程序的公正更是实体公正的保障。公安行政程序上的违法经常容易发生但却不易为行政相对人觉察,目前治安管理处罚中侵犯人权的现象大都存在于处罚程序中。长此以往,必将破坏法律的神圣、损害党群关系、影响社会稳定,最终导致依法治国的努力归于泡影。

【法条链接】

治安管理处罚法

第五条　治安管理处罚必须以事实为依据,与违反治安管理行为的性质、情节以及社会危害程度相当。

实施治安管理处罚,应当公开、公正,尊重和保障人权,保护公民的人格尊严。

办理治安案件应当坚持教育与处罚相结合的原则。

第八十一条　人民警察在办理治安案件过程中,遇有下列情形之一的,应当回避;违反治安管理行为人、被侵害人或者其法定代理人也有权要求他们回避:

(一)是本案当事人或者当事人的近亲属的;

(二)本人或者其近亲属与本案有利害关系的;

(三)与本案当事人有其他关系,可能影响案件公正处理的。

人民警察的回避,由其所属的公安机关决定;公安机关负责人的回避,由上一级公安机关决定。

公安机关办理行政案件程序规定

第十四条　公安机关负责人、办案人民警察有下列情形之一的,应当回避,案件当事人及其法定代理人有权要求他们回避:

(一) 是本案的当事人或者当事人的近亲属的;

(二) 本人或者其近亲属与本案有利害关系的;

(三) 与本案当事人有其他关系,可能影响案件公正处理的。

第十五条　办案人民警察的回避,由其所属的公安机关决定;公安机关负责人的回避,由上一级公安机关决定。

第十六条　公安机关负责人、办案人民警察提出回避申请的,应当说明理由。

第十七条　当事人及其法定代理人要求公安机关负责人、办案人民警察回避的,应当提出申请,并说明理由。口头提出申请的,公安机关应当记录在案。

第十八条　对当事人及其法定代理人提出的回避申请,公安机关应当在二日内做出决定并通知申请人。

第十九条 公安机关负责人、办案人民警察具有应当回避的情形之一,本人没有申请回避,当事人及其法定代理人也没有申请他们回避的,有权决定他们回避的公安机关负责人可以指令他们回避。

第二十条 在行政案件调查过程中,鉴定人和翻译人员需要回避的,适用本章的规定。

第二十一条 在公安机关做出回避决定前,办案人民警察不得停止对行政案件的调查。

第二十二条 被决定回避的公安机关负责人、办案人民警察、鉴定人和翻译人员,在回避决定做出以前所进行的与案件有关的活动是否有效,由做出回避决定的公安机关根据案件情况决定。

公安机关执行《中华人民共和国治安管理处罚法》

有关问题的解释(二)

四、关于减轻处罚的适用问题

减轻处罚的适用问题 违反治安管理行为人具有《治安管理处罚法》第十二条、第十四条、第十九条减轻处罚 情节的,按下列规定适用:(一)法定处罚种类只有一种,在该法定处罚种类的幅度以下减轻处罚;(二)法定处罚种类只有一种,在该法定处罚种类的幅度以下无法再减轻处罚的,不予 处罚;(三)规定拘留并处罚款的,在法定处罚幅度以下单独或者同时减轻拘留和罚款,或者 在法定处罚幅度内单处拘留;(四)规定拘留可以并处罚款的,在拘留的法定处罚幅度以下减轻处罚;在拘留的法定 处罚幅度以下无法再减轻处罚的,不予处罚。

【扩展阅读】

一、违反治安管理行为的种类

(一)扰乱公共秩序的行为

1.扰乱公共秩序案件的含义

公共秩序是指人们在长期社会生活中所形成的公共生活有条不紊的社会状态,是维护国家、社会发展所必需的秩序,它一般通过法律、法规和公共生活准则、道德规范来调整和规范。良好的公共秩序是人们正常从事工作、生产、营业、教学、科研和生活的必要条件，也是人类社会之所以能够存在、延续并不断向前发展的基本条件之一。遵守和维护公共秩序，是我国宪法规定的内容，也是每一个公民应尽的义务和起码的道德要求。扰乱公共秩序的违反治安管理行为，是指故意扰乱法律、法规所确立的公共生活准则和公共行为规范，尚不够刑事处罚的行为。这类违反治安管理行为涉及范围较广，包括生产秩序、工作秩序、教学科研秩序、营业秩序、交通秩序、公共场所秩序、群众生活秩序等。

2.扰乱公共秩序案件的行为特征

扰乱公共秩序案件一般多发于公共场所，且表现形式多种多样。但是归纳起来，这类案件的行为特征主要表现为以下四个方面：

(1)扰乱公共秩序行为侵害的客体是公共秩序和社会管理秩序。社会公共秩序范围很广，包括国家机关、企事业单位的工作秩序、生产秩序、营业秩序、教学秩序、科研秩序、医疗秩序、公共场所的活动秩序、公共交通工具上的秩序、人们的生活秩序以及其他公共生活准则等。扰乱公共秩序行为的特点，就在于它破坏了公共秩序，使人们的生产、工作、学习和社会生活受到严重的影响，如使人们精神惊恐不安，工作生活处于无序状态，不能正常生活，因而具有直接的社会危害性。

(2)扰乱公共秩序行为的客观方面，表现为用各种手段扰乱公共秩序，破坏了正常的生活准则，尚不够刑事处罚的行为。这类行为一般造成了实际危害后果，但危害程度尚不够刑事处罚。如冲击国家机关、企事业单位；在公共场所内起哄滋事，无理取闹；扰乱大型群众性活动秩序以及在社会上散布谣言，谎报险情、制造混乱等等。这些行为都给社会造成实际的危害结果，但其危害程度较为轻微，尚不够刑事处罚。如果造成严重后果，则构成扰乱公共秩序的犯罪行为，应该按照刑法的有关规定，追究行为人的刑事责任。这里要注意一点，从空间范围看，扰乱公共秩序行为大多数发生在公共场所，但是也有一部分扰乱公共秩序行为发生在非公共场所，如破坏选举秩序的行为，所以，不能把发生在公共场所作为扰乱公共秩序行为的唯一客观特征。

(3)扰乱公共秩序行为的主体可以是自然人，也可以是单位。如果单位实施了扰乱公共秩序行为，依照法律规定，一般采取“双罚制”，即除了对直接责任人员依法给予治安管理处罚外，同时还要处罚单位；如果直接责任人员实施违反治安管理行为是由单位主管人员指使的,同时处罚该主管人员。

(4)扰乱公共秩序行为的主观方面必须是由故意构成,过失不能构成此类行为,即行为人有着明确的主观故意,并且具有明确的目的和动机。

3.扰乱公共秩序案件的种类

根据《治安管理处罚法》第23条至第29条的规定,扰乱公共秩序案件主要有以下29种:扰乱单位秩序(第23条第1款第1项);扰乱公共场所秩序(第23条第1款第2项);扰乱公共交通工具上的秩序(第23条第1款第3项);妨碍交通工具正常行驶(第23条第1款第4项);破坏选举秩序(第23条第1款第5项);聚众扰乱单位秩序(第23条第2款);聚众扰乱公共场所秩序(第23条第2款);聚众扰乱公共交通工具上的秩序(第23条第2款);聚众妨碍交通工具正常行驶(第23条第2款);聚众破坏选举秩序(第23条第2款);强行进入大型活动场内(第24条第1款第1项);违规在大型活动场内燃放物品(第24条第1款第2项);在大型活动场内展示侮辱性物品(第24条第1款第3项);围攻大型活动工作人员(第24条第1款第4项);向大型活动场内投掷杂物(第24条第1款第5项);其他扰乱大型活动秩序的行为(第24条第1款第6项);虚构事实扰乱公共秩序(第25条第1项);投放虚假危险物质扰乱公共秩序(第25条第2项);扬言实施放火、爆炸、投放危险物质扰乱公共秩序(第25条第3项);寻衅滋事(第26条);组织、教唆、胁迫、诱骗、煽动从事邪教、会道门活动(第27条第1项);利用邪教、会道门、迷信活动危害社会(第27条第1项);冒用宗教、气功名义危害社会(第27条第2项);故意干扰无线电业务正常进行(第28条);拒不消除对无线电台(站)的有害干扰(第28条);非法侵入计算机信息系统(第29条第1项);非法改变计算机信息系统功能(第29条第2项);非法改变计算机信息系统数据和应用程序(第29条第3项);故意制作、传播计算机破坏性程序(第29条第4项)。

(二)妨害公共安全的行为

1.妨害公共安全案件的含义

妨害公共安全行为,是指故意或者过失地实施妨害或者可能妨害不特定多数人的生命、健康、财产安全的行为。其行为方式多种多样,如非法制造、买卖、储存、运输、邮寄、携带、使用、提供、处置各种危险物质,非法携带枪支、弹药、管制器具,盗窃、损毁各种与公共安全有关的公共设施,安装、使用电网不符合法律法规的要求而危及公共安全,违反规定举办大型活动导致有发生安全事故危险，等等。

2.妨害公共安全行为的特征

(1)行为的客体。本类行为侵犯的客体是社会的公共安全。所谓公共安全，是指不特定多数人的生命、健康和财产的安全。妨害公共安全行为的危害，往往表现为对人身的伤害或财产的损害，有时二者兼而有之，从而同侵犯人身权利行为或侵犯财产行为有相同之处。但妨害公共安全行为与侵犯人身权、财产权行为的根本区别在于，妨害公共安全行为侵犯的客体以不特定性为基本特征。所谓“不特定”，意在表明这类行为的危害性不是限定在特定的人身或财产，其可能侵犯的对象具有不确定性，其侵犯的范围和程度具有广泛性，其可能造成的结果具有难以预料、难以控制性。例如，携带爆炸物品乘车乘船，一旦发生事故，将会造成众多的人伤亡，或使公私财产遭受重大损失；又如在铁路线上放置障碍物，轻则可能致列车延误，重则可能致列车倾覆，车毁人亡，对不特定多数人的生命、健康、财产安全造成极大的威胁。

(2)行为的客观方面。本类行为的客观方面表现为实施了各种妨害公共安全行为。妨害公共安全行为既可以是作为，也可以是不作为，但以作为方式表现的是多数，个别的行为以不作为表现。如道路施工不设置安全防护设施行为，行为的表现方式即是不作为。妨害公共安全行为，一般只要行为人实施了法条规定的各种妨害公共安全的行为即可构成，不要求造成实际的危害后果，这是区别于其他行为的重点之处。实际上，为达维护公共安全之目的，相关法律法规规定了若干危害或可能危害公共安全的行为，行为人只要实施了法律法规禁止的行为，则行为对公共安全造成实际危害结果的可能性随之产生，即任何一种妨害公共安全行为都存在对公共安全造成实际危害的潜在可能性。如果这种可能性达到足以对公共安全构成重大现实危险的程度或者已经对公共安全造成一定的实际危害后果，则行为可能构成犯罪。

(3)行为的主体。本类行为的主体既包括自然人，也包括单位，大多是一般主体，但个别行为必须由特殊主体才能构成。如违反规定举办大型活动行为，其主体必须是大型活动的举办者(包括个人或单位)，不具有“举办者”这种特殊身份的人，不能成为这种行为的主体。再如公共场所经营管理人员违反安全规定行为，只有经营公共场所的管理人员(包括个人或单位)，才能成为该种行为的主体。

(4)行为的主观方面。本类行为的主观方面既可以由故意构成，也可以由过失构成,但有些行为必须由故意构成。如一些行为,如公共场所经营管理人员违反安全规定,盗窃公共设施、航空设施、铁路设施,故意向列车投掷物品;强行进入航空器驾驶舱等行为只能由故意构成。而危险物质被盗、被抢、丢失后不按规定报告,非法携带枪支、弹药、管制器具,安装、使用电网不符合安全规定,道路施工不设置安全防护设施等行为既可以由故意,也可以由过失构成。

3.妨害公共安全案件的种类

根据《治安管理处罚法》第30条至第39条的规定,妨害公共安全案件共有24种:非法制造、买卖、储存、运输、邮寄、携带、使用、提供、处置危险物质(第30条);危险物质被盗、被抢、丢失后不按规定报告(第31条);非法携带枪支、弹药、管制器具(第32条);盗窃、损毁公共设施(第33条第1项);移动、损毁边境、领土、领海标志设施(第33条第2项);非法进行影响国(边)界线走向的活动(第33条第3项);非法修建有碍国(边)境管理的设施(第33条第3项);盗窃、损坏、擅自移动航空设施(第34条第1款);强行进入航空器驾驶舱(第34条第1款);在航空器上非法使用器具、工具(第34条第2款);盗窃、损毁、擅自移动铁路设施、设备、机车车辆配件、安全标志(第35条第1项);在铁路线上放置障碍物(第35条第2项);故意向列车投掷物品(第35条第2项);在铁路沿线非法挖掘坑穴、采石取沙(第35条第3项);在铁路线路上私设道口、平交过道(第35条第4项);擅自进入铁路防护网(第36条);违法在铁路线上行走坐卧、抢越铁路(第36条);擅自安装、使用电网(第37条第1项);安装、使用电网不符合安全规定(第37条第1项);道路施工不设置安全防护设施(第37条第2项);故意损毁、移动道路施工安全防护设施(第37条第2项);盗窃、损毁路面公共设施(第37条第3项);违反规定举办大型活动(第38条);公共场所经营管理人员违反安全规定(第39条)。

(三)侵犯他人人身权利的行为

1.侵犯人身权利行为的含义

侵犯人身权利的治安案件,是指故意侵犯公民身体健康、人身自由、人格或名誉等人身以及与人身相关的权利,情节轻微,尚不够刑事处罚,依法应当给予治安管理处罚的案件。人身权利是指公民依法享有的人身安全以及与人身有关的权利,是公民的基本权利之一。人身权不具有经济性,与个人的人身不可分割,只有权利人本人才能享有,受宪法和法律严格保护。具体来说,人身权一般包括生命权、健康权、人格权、名誉权和人身自由权,以及与人身直接相关的通信自由权、住宅不受侵犯权、生活安宁权、民主权等等。《治安管理处罚法》作为维护社会治安秩序的基本法律，公民人身权利自然是其保护的重要内容之一。实践中，侵犯人身权利案件具有多发性的特点，是公安机关查处违反治安管理行为的重点之一。

2.侵犯人身权利行为的特征

从侵犯人身权利案件的构成要件来分析，其具有以下四个法律特征：

(1)行为的主体。侵犯人身权利行为的主体一般是自然人，单位也可以成为某些侵犯人身权利行为的主体，如强迫劳动行为，组织、胁迫、诱骗进行恐怖、残忍表演行为等违反治安管理行为中单位也可以成为主体。《治安管理处罚法》规定的侵犯人身权利行为具有特定性，行为人实施的行为往往针对的是特定的侵害对象，如行为人与被侵害人之间原来存在一些矛盾，行为人的侵害行为是因被侵害人先前的行为引起的等等。在某些扰乱公共秩序行为如寻衅滋事、结伙斗殴行为也可能造成被侵害人身体伤害，但该类行为所侵害的对象往往具有不特定性，这也是本行为与扰乱公共秩序行为的区别之一。

(2)行为的客体。侵犯人身权利行为所侵害的客体是公民的人身权利，我国宪法和法律赋予公民享有广泛的人身权利，公民的人身权利受法律保护。《治安管理处罚法》直接保护的公民人身权利主要有身体健康权、人身自由权、人格和名誉权、隐私权、家庭成员平等权等人身以及与人身相关的权利，如住宅不受侵犯权、通信自由权等。但要注意的是，《治安管理处罚法》所保护的公民人身权利不包括公民的生命权和妇女性的不可侵犯的权利，对此类权利的侵害一般较为严重，应由刑法予以保护。

(3)行为的主观方面。侵犯人身权利行为的主观方面是故意，至于动机则是多种多样的，有的是为了牟取非法利益，有的是为了逞强好胜，有的是为了打击报复，有的是为了窃取他人隐私等等。但不论行为人的动机和目的如何，其主观方面都是出于故意。《治安管理处罚法》没有规定由于过失侵犯人身权利如过失致人轻伤等行为应当受到治安管理处罚，但受害人享有依照其他法律规定获得赔偿的权利。

(4)行为的客观方面。侵犯人身权利行为在客观方面表现为实施了侵犯公民人身权利以及与人身相关的权利，尚不够刑事处罚的行为。从行为的方式看，主要是作为的方式，但在虐待等案件中不作为也可以构成。侵犯人身权利行为的主要方式包括殴打他人、限制人身自由、侵入他人住宅、侮辱、诽谤、虐待、摧残身心健康、侵犯隐私、侵犯民主权利等情节轻微、手段一般、后果不严重的行为。在执法实践中要注意区分侵犯人身权利的违反治安管理行为与侵犯人身权利、民主权利罪的法律界限,一般来说,主要根据侵犯人身权利行为情节的轻重、后果的严重与否、动机和影响的恶劣程度来区分。

4.侵犯人身权利案件的种类

根据《治安管理处罚法》第40条至第48条的规定,侵犯人身权利案件主要有24种:组织、胁迫、诱骗进行恐怖、残忍表演(第40条第1项);强迫劳动(第40条第2项);非法限制人身自由(第40条第3项);非法侵入住宅(第40条第3项);非法搜查身体(第40条第3项);胁迫、诱骗、利用他人乞讨(第41条第1款);以滋扰他人的方式乞讨(第41条第2款);威胁人身安全(第42条第1项);侮辱(第42条第2项);诽谤(第42条第2项);诬告陷害(第42条第3项);威胁、侮辱、殴打、打击报复证人及其近亲属(第42条第4项);发送信息干扰正常生活(第42条第5项);侵犯隐私(第42条第6项);殴打他人(第43条第1款);故意伤害(第43条第1款);猥亵(第44条);在公共场所故意裸露身体(第44条);虐待(第45条第1项);遗弃(第45条第2项);强迫交易(第46条);煽动民族仇恨、民族歧视(第47条);刊载民族歧视、侮辱内容(第47条);冒领、隐匿、毁弃、私自开拆、非法检查他人邮件(第48条)。

(四)侵犯财产权利的行为

1.侵犯财产权利案件的含义

侵犯财产权利的治安案件,是指以非法占有或者损毁为目的,采取盗窃、诈骗、哄抢、抢夺、敲诈勒索等手段攫取或非法故意损毁公私财产权利,具有一定社会危害性,尚不够刑事处罚的法律事实,由公安机关依照有关法律、法规和规章的规定对违法行为人决定给予治安管理处罚的行政案件。

2.侵犯财产权利案件的特征

(1)行为所侵害的客体是公私财产的所有权,即公共财产和公民私人所有的合法财产的所有权。侵犯的对象是国家、集体和公民个人合法所有的财产,包括有形财产和具有经济价值的无形财产。

公私财产,是公共财产和公民私人所有合法财产的总称。所谓公共财产,是指依法所确定的国有财产、劳动群众集体所有的财产、用于扶贫和其他公益事业的社会捐助或者专项基金的财产。在国家机关、国有公司、企业、集体企业和人民团体管理、使用或运输中的私人财产，以公共财产论。因为这些私人财产一旦受到损失，负有管理、使用或运输责任的国家、集体单位，将承担赔偿责任。所谓私人财产是指依法确定的公民的合法收入、储蓄、房屋和其他生活资料；依法归个人、家庭所有的生产资料；个体户和私营企业的合法财产；依法归个人所有的股份、股票、债券和其他财产。

公私财产的表现形式多种多样，有生活资料、生产资料；有动产、不动产；有电力、煤气、天然气、重要的技术成果等。除这些有经济价值的财物外，还包括货币、各种支付凭证和可以兑现的有价证券，如国库券、公债券、股票、储蓄存折、签发的支票、汇款单、信用卡、增值税专用发票等；包括可以兑换现金或提取财物的有价票证，如车票、船票、飞机票、邮票、邮寄包裹单、货物托运单等；还包括长途电话账号、电信号码，以及国家为平价供应居民生活必需品而付出了价格补贴使之包含了一定有价因素的无价证券。

侵犯公私财产，实质上是侵犯了公私财产的所有权。因此，只有被侵犯的公私财产是国家、集体或公民依法所有时，它们才可能成为侵犯公私财产行为的对象。占有无主物或者被自动放弃了所有权的物品，并不属于非法侵犯财产所有权。但必须明确一点，依照我国宪法、文物保护法和民法通则有关规定，不能把属于国家或集体所有的各种自然资源、属于国家所有的地下和地上的文物、所有人不明的埋藏物、隐藏物视为“无主物”而任意侵占；暂时脱离了所有人的直接控制与管理的遗物、埋藏物，也不是无主物，因而其所有权受法律保护，任何人不得非法占有。还应该注意的是，对违法所得和非法财物，如赌资、毒资、嫖资、赃款赃物，以及赌具、毒品、淫秽物品等违禁品，不仅不受法律保护而且应依法予以收缴。但如果行为人对违法所得和非法财物实施了盗窃、诈骗、哄抢、抢夺、敲诈勒索等手段，并不影响这类违法行为的构成。

(2)行为的客观方面表现为以多种手段非法侵占或损毁公私财产，尚不够刑事处罚，依法应当给予治安行政处罚的行为。

侵犯财产权利的违反治安管理行为所造成的危害，表现为尚不够刑事处罚，依法应当给予治安行政处罚。之所以说此类行为造成了危害，主要是因为它首先是非法的，而且必须是非法的，否则不构成侵犯财产权利行为。比如依法执行职务，对公私财产采取的没收、征用、扣押、冻结、销毁以及强制拆除、铲除等措施，依法正当防卫、紧急避险行为所造成的公私财产的损失，均不构成侵犯财产权利行为。同时还必须明确的是，侵犯财产权利的违反治安管理行为只是造成了一定的危害结果，而不是严重的危害结果，这与刑事案件有明显区别。例如《治安管理处罚法》所规定的盗窃、诈骗、哄抢、抢夺、敲诈勒索或者故意损毁公私财物的是“少量”的，而《刑法》所规定的此类犯罪行为都是以“数额较大”（多次盗窃或者有其他严重情节的）为立案标准。侵犯财产权利的违反治安管理行为不仅是尚不够刑事处罚的行为，而且必须是应当依法给予治安行政处罚的行为，因为它毕竟是具有“一定的危害结果”的行为，如果其危害结果达不到这一程度，就不予治安管理处罚。

（3）行为的主体必须是年满14周岁具有责任能力的自然人，单位（法人和其他组织）不能成为该类违反治安管理行为的主体。

根据我国《治安管理处罚法》的有关规定，不满14周岁的人侵犯财产权利的，除没收违法所得和非法财物外，不适用治安管理处罚，但是应当责令其监护人严加管教。根据我国现行《刑法》第17条、第18条的规定，针对侵财行为而言，除抢劫罪外，只有年满16周岁、具有刑事责任能力的人，才可以成为侵犯财产罪的主体。已满14周岁不满16周岁的人实施了盗窃、诈骗、哄抢、抢夺、敲诈勒索或者故意损毁公私财物行为，其危害后果即使达到了刑事案件的立案标准，也只能按治安案件查处，但不执行行政拘留处罚，不适用劳动教养。在必要的时候，可以由政府收容教养。这是侵财的刑事案件与治安案件的一个非常重要的区别，我们对这类案件查处时，应当对此引起高度重视。此外，我国《民法通则》第9条规定，公民从出生时起到死亡时止，具有民事权利能力，依法享有民事权利、承担民事义务。因此，不满14周岁的人侵犯财产权利的，不予治安管理处罚，但并不等于可以不承担民事法律责任。这说明，违反治安管理行为主体的年龄特征与民法中的有关规定也有明显区别。

（4）行为的主观方面只能是直接故意，由于间接故意、过失或者意外事件造成对公私财物的侵害，均不构成此类违反治安管理行为。

侵犯财产权利的违反治安管理行为的目的有两种：一是非法占有公私财物所有权，二是非法故意损毁公私财物。如果误将他人的财物当作自己的而加以占有，或者由于紧急避险而造成公私财物损失等情况，均不构成违反治安管理行为；明知是他人的财物未经允许而加以使用，其目的并非是为了占有，例如偷开他人机动车辆的行为也不构成侵犯公私财物行为，而应根据其他相关规定处理。这里的“占有”，既包括非法据为己有，也包括转归第三者非法占有。如果因过失损坏了公私财物，虽然应依照民法通则的有关规定负责赔偿损失，但不能认定为违反治安管理行为。

促使行为人实施这类违反治安管理行为的动机多种多样。非法占有公私财物的动机，大多出于好逸恶劳、享乐腐化、贪图钱财，少数是由于疾病、家庭困难和自然灾害或其他原因；故意损毁公私财物的动机，往往是泄愤报复、打击、嫉妒、陷害、对待遇不满等。不同的行为动机反映了行为人的主观恶性程度，研究这些行为情节，有利于根据行为人的主观恶性程度，准确把握处罚的幅度。

3.侵犯财产权利案件的种类

根据《治安管理处罚法》第49条的规定，侵犯公私财产权利案件包括以下6种：盗窃（第49条）；诈骗（第49条）；哄抢（第49条）；抢夺（第49条）；敲诈勒索（第49条）；故意损毁财物（第49条）。

（五）妨害社会管理的行为

1.妨害社会管理行为的含义

妨害社会管理案件是指行为人违反国家有关行政管理法规，妨害国家机关对社会的正常管理活动，破坏社会秩序，尚不够刑事处罚，依法应当给予治安管理处罚的违反治安管理行为。

2.妨害社会管理案件的特征

妨害社会管理行为的法律特征，概括起来，主要体现在以下几个方面：

(1)行为侵犯的客体是国家的社会管理活动。社会管理是国家行政机关依照法律、法规对社会生活进行管理的行政管理活动，它由有关的行政管理法律、法规加以规范。妨害社会管理行为的实质，就是违反了国家管理社会生活的法律、法规，妨害国家行政管理活动，破坏了社会管理秩序。

(2)行为在客观方面主要表现为妨害国家机关的社会管理活动和社会的正常秩序，尚不够刑事处罚。行为人妨害国家机关的任何一项管理活动，都必然不同程度地破坏社会的正常秩序，治安管理处罚法规定对妨害社会管理行为予以处罚，正是对构建和谐社会的一种法律保障。

(3)行为的主体大多为一般主体，少数为特殊主体。在妨害社会管理行为中，大多数行为自然人和单位均可以构成，只有少数行为的主体限于自然人。同时，有的行为主体还必须是特殊主体，如典当业工作人员发现违法犯罪嫌疑人、赃物不报告行为的主体就必须由从事典当业的工作人员构成。

(4)行为的主观方面一般必须由故意构成，个别行为既可以由故意构成，可以由过失构成。在妨害社会管理行为中，多数行为只能由故意构成。在治安管理处罚法中，有的还明确规定有“故意”(如破坏、污损坟墓行为或者毁坏、丢弃尸骨的行为)、“明知”(如窝藏、转移、代销赃物行为；明知住宿旅客是犯罪嫌疑人不报告行为)等。有的行为虽未说明故意二字，但行为中涵盖了故意之意，如拒不执行紧急状态下的决定、命令行为；冲撞警戒带、警戒区行为等。有的行为则既可以是故意构成，也可以是过失构成，如饲养动物干扰正常生活的行为、制造噪声干扰正常生活的行为等。

3.妨害社会管理案件的种类

根据《治安管理处罚法》第50条至第75条的规定，妨害社会管理案件主要有以下67种：拒不执行紧急状态下的决定、命令（第50条第1款第1项）；阻碍执行职务（第50条第1款第2项）；阻碍特种车辆通行（第50条第1款第3项）；冲闯警戒带、警戒区（第50条第1款第4项）；招摇撞骗（第51条第1款）；伪造、变造、买卖公文、证件、证明文件、印章（第52条第1项）；买卖、使用伪造、变造的公文、证件、证明文件（第52条第2项）；伪造、变造、倒卖有价票证、凭证（第52条第3项）；伪造、变造船舶户牌（第52条第4项）；买卖、使用伪造、变造的船舶户牌（第52条第4项）；涂改船舶发动机号码（第52条第4项）；驾船擅自进入、停靠国家管制的水域、岛屿（第53条）；非法以社团名义活动（第54条第1款第1项）；被撤销登记的社团继续活动（第54条第1款第2项）；擅自经营需公安机关许可的行业（第54条第1款第3项）；煽动、策划非法集会、游行、示威（第55条）；不按规定登记住宿旅客信息（第56条第1款）；不制止住宿旅客带入危险物质（第56条第1款）；明知住宿旅客是犯罪嫌疑人不报告（第56条第2款）；将房屋出租给无身份证件人居住（第57条第1款）；不按规定登记承租人信息（第57条第1款）；明知承租人利用出租屋犯罪不报告（第57条第2款）；制造噪声干扰正常生活（第58条）；违法承接典当物品（第59条第1项）；典当业工作人员发现违法犯罪嫌疑人、赃物不报告（第59条第1项）；违法收购废旧专用器材（第59条第2项）；收购赃物、有赃物嫌疑的物品（第59条第3项）；收购国家禁止收购的其他物品（第59条第4项）；隐藏、转移、变卖、损毁依法扣押、查封、冻结的财物（第60条第1项）；伪造、隐匿、毁灭证据（第60条第2项）；提供虚假证言（第60条第2项）；谎报案情（第60条第2项）；窝藏、转移、代销赃物（第60条第3项）；违反监督管理规定（第60条第4项）；协助组织、运送他人偷越国(边)境(第61条);为偷越国(边)境人员提供条件(第62条第1款);偷越国(边)境(第62条第2款);故意损坏文物、名胜古迹(第63条第1项);违法实施危及文物安全的活动(第63条第2项);偷开机动车(第64条第1项);无证驾驶、偷开航空器、机动船舶(第64条第2项);破坏、污损坟墓(第65条第1项);毁坏、丢弃尸骨、骨灰(第65条第1项);违法停放尸体(第65条第2项);卖淫(第66条第1款);嫖娼(第66条第1款);拉客招嫖(第66条第2款);引诱、容留、介绍卖淫(第67条);制作、运输、复制、出售、出租淫秽物品(第68条);传播淫秽信息(第68条);组织播放淫秽音像(第69条第1款第1项);组织淫秽表演(第69条第1款第2项);进行淫秽表演(第69条第1款第2项);参与聚众淫乱(第69条第1款第3项);为淫秽活动提供条件(第69条第2款);为赌博提供条件(第70条);赌博(第70条);非法种植毒品原植物(第71条第1款第1项);非法买卖、运输、携带、持有毒品原植物种苗(第71条第1款第2项);非法运输、买卖、储存、使用罂粟壳(第71条第1款第3项);非法持有毒品(第72条第1项);向他人提供毒品(第72条第2项);吸毒(第72条第3项);胁迫、欺骗开具麻醉药品、精神药品(第72条第4项);教唆、引诱、欺骗吸毒(第73条);为吸毒、赌博、卖淫、嫖娼人员通风报信(第74条);饲养动物干扰正常生活(第75条第1款);放任动物恐吓他人(第75条第1款)。

二、邻里纠纷可能违法但不犯罪[①]

2007年12月31日上午,原审上诉人杨守珍与原审第三人梅德秀因邻里琐事发生口角,并相互拉扯,杨守珍的丈夫肖德兴报警后,原被上诉人商城县公安局汪桥派出所经立案调查,按照法定程序,以殴打他人为由,依据《治安管理处罚法》第四十三条第一款的规定,于2008年2月23日,做出商公(汪桥派出所)决字(2008)第0088号行政处罚决定,对梅德秀处以200元罚款。2008年1月7日上午,原审第三人肖德运将杨守珍家的照明电线剪断,杨守珍的长子肖乃法报警后,商城县公安局汪桥派出所与当地政府有关部门,经过近两个月的工作,多次协调,才将剪断的电线接通,并恢复至今。肖德兴反映肖德运挖其祖坟石摆上的石头,商城县公安局汪桥派出所经实地勘查拍照,无证据证实所反映情况,未作处理。杨守珍以原审被上诉人商城县公安局不履行职责为由,

① 资料引自:法律教育网,网址:http://www.chinalawedu.com/new/21606a13800aa2010/2010114handuo172042.shtml。访问日:2012年6月19日

向商城县人民政府申请行政复议,2008年3月28日,商城县人民政府根据《中华人民共和国行政复议法》第28条第1款第(1)项和《中华人民共和国行政复议法实施条例》第48条第1款第(1)项的规定,做出商政行复决字(2008)7号复议决定,驳回杨守珍的行政复议。杨守珍不服,向本院提起行政诉讼,请求变更商城县公安局汪桥派出所对梅德秀的行政处罚,责令商城县公安局在一定期限内对肖德运履行法定职责。2008年8月28日,本院依据《中华人民共和国行政诉讼法》第54条第(2)项第1目、第2目,第(2)项,最高人民法院《关于执行〈中华人民共和国行政诉讼法〉若干问题的解释》第56条第(1)项、第60条第2款的规定,做出(2008)商行初字第006号行政判决,撤销商城县公安局汪桥派出所2008年2月23日做出的商公(汪桥派出所)决字(2008)第0088号公安行政处罚决定,责令商城县公安局对第三人肖德运剪断杨守珍家电线的行为履行法定职责,驳回杨守珍要求商城县公安局对其祖坟石头被挖不作为的诉讼请求。杨守珍上诉后,信阳市中级人民法院于2009年5月7日做出(2009)信行终字第7号行政裁定,撤销商城县人民法院(2008)商行初字第006号行政判决,发回商城县人民法院重审。本院依法另行组成合议庭后,告知杨守珍,请求变更行政机关的具体行政行为与要求行政机关履行法定职责,分别为作为类与不作为类诉讼,应分别诉讼,但杨守珍坚持要求合并审理。

原审上诉人杨守珍诉称,2007年12月31日,已66岁的杨守珍因制止梅德秀砍其宅基地上的树,被梅德秀殴打致伤,公安机关应依据《治安管理处罚法》第43条第2款的规定,从重处罚,但却对梅德秀从轻处以200元罚款,违反法律规定,显失公正,应予以变更;2008年元月7日,肖德运掐断杨守珍家的电线,并将其祖坟上的石头挖掉,其行为已触犯"治安管理处罚法"第33条及第65条第1款第(1)项的规定,公安机关应履行法定职责,对肖德运做出行政处罚。

原审被上诉人商城县公安局及汪桥派出所辩称,杨守珍与梅德秀发生口角,继而推扯,情节轻微,危害不大,后果较轻,为化解矛盾,增进社会和谐,按照教育与处罚相结合的原则,公安机关根据《治安管理处罚法》第43条第1款的规定,对梅德秀处以200元罚款,事实清楚,证据充分,适用法律正确,程序合法,处罚适当。肖德运剪电线之事,经公安机关与当地政府多方工作,已协调处理,再对肖德运进行处罚,不利于化解矛盾与社会和谐,而且,按照法律规定,当地政府也有权处理此事。至于杨守珍称肖德运挖其祖坟,因无证据证实,公安机关根据"治安管理处罚法"第93条规定,不做出治安处罚,完全符合法律规定。

原审第三人肖德运辩称，杨守珍与梅德秀发生口角，并未撕打；钟铺门诊的诊断证明，是杨守珍的亲戚所写，不具有法律效力，杨守珍也未做法医鉴定，不能证明其有伤；也没有法律规定60岁以上的人不受法律制约。因此，请求法院依法公正裁决。

原审第三人梅德秀未做书面答辩。

裁判要点：

法院认为，首先，杨守珍是六十周岁以上的人，符合特定人的身份，但没有充分有效的证据证明与其发生纠纷的相对人梅德秀对其实施了殴打行为造成了伤害后果。该起纠纷仅仅是因邻里琐事，双方发生口角，继而相互拉扯，情节轻微，没有造成社会危害性，按照错罚相当原则，公安机关应做调解处理或对违法行为人处以较轻处罚。因此，杨守珍的变更加重处罚请求，既不符合案情事实及变更的法定情形，也不具有合理性。其次，商城县公安局的行为符合“不予处罚”的相关规定，该局在实体上已履行了法定职责，当事人的实体权利并没有受到影响。虽然该局没有按法律规定的程序向当事人做出不予行政处罚决定或制作调解协议书，也无负责人批准终止调查手续，没有履行程序规定，但杨守珍是请求公安机关履行对肖德运实体上做出行政处罚而非程序上补做不予行政处罚决定书或制作调解协议书和完善批准手续，该请求与事实和法规规定不符，其诉商城县公安局不作为理由不能成立，不应得到支持。故根据最高人民法院《关于执行〈中华人民共和国行政诉讼法〉若干问题的解释》第56条第(1)项、第(4)项的规定，判决如下：

1.驳回原审上诉人杨守珍要求变更原审被上诉人商城县公安局汪桥派出所2008年2月23日做出的商公(汪桥派出所)决字(2008)第0088号公安行政处罚决定书的诉讼请求。

2.驳回原审上诉人杨守珍要求原审被上诉人商城县公安局在一定期限内履行法定职责，对原审第三人肖德运做出行政处罚的诉讼请求。

本案受理费50元，由原审上诉人杨守珍负担。

争议焦点：

1.杨守珍要求商城县公安局汪桥派出所变更第0088号公安行政处罚决定书的诉讼请求是否合理？

2.杨守珍要求商城县公安局履行法定职责，对原审第三人肖德运做出行政处罚的诉讼请求能否成立?

法理评析:

本案系行政相对人对行政机关做出处罚决定书和应当处罚而不处罚的两个行政行为不满诉至法院请求合并审理而引起的纠纷,法庭审理主要围绕着行政相对人的两项请求是否成立的判断而展开,因此在分析该案件时也需要从这几个方面来梳理线索:

首先,对于“杨守珍要求商城县公安局汪桥派出所变更第0088号公安行政处罚决定书的诉讼请求是否合理”的判定,此处主要涉及《治安管理处罚法》第43条适用方面的内容。

《中华人民共和国治安管理处罚法》第43条明确规定:“殴打他人的,或者故意伤害他人身体的,处5日以上10日以下拘留,并处200元以上500元以下罚款;情节较轻的,处5日以下拘留或者500元以下罚款。有下列情形之一的,处10日以上15日以下拘留,并处500元以上1000元以下罚款:(一)结伙殴打、伤害他人的;(二)殴打、伤害残疾人、孕妇、不满14周岁的人或者60周岁以上的人的;(三)多次殴打、伤害他人或者一次殴打、伤害多人的。”从该法条可以看出,其对殴打行为规定了两种类别的处罚:从轻处罚和从重处罚,其中分项3条即是对从重处罚适用情形的描述。由此可知,从重处罚需要满足如下要件:其一须有殴打行为,其二须有伤害后果,其三须是上述特定的人。

在本案中,杨守珍属于年满60周岁的人,为从重处罚所要求的特殊主体。但第0088号公安行政处罚决定书认定本案杨守珍与其发生纠纷的相对人梅德秀之间系邻里之间的口角纠纷,尚不构成严重的殴打行为,也未造成严重的危害后果,因而从重处罚的其他两个要件不成立,因而杨守珍的该项请求不能成立。

其次,对于“杨守珍要求商城县公安局履行法定职责,对原审第三人肖德运做出行政处罚的诉讼请求能否成立”的判定,此处主要涉及行政处罚的适用方面的内容。

根据《公安机关办理行政案件程序规定》第136条第2款规定:“违法行为轻微并及时纠正,没有造成危害后果的,不予行政处罚。”第204条规定:“经过调查,发现行政案件有下列情形之一的,经公安派出所或者县级公安机关办案部门以上负责人批准,终止调查:”其中第(1)项规定:“没有违法事实的;”“治安管理处罚法”第93条中也有明确规定“只有本人陈述,没有其他证据证明的,不能做出治安管理处罚决定。”上述法条描述了行政处罚不予适用的情形。

在本案中，肖德运因与杨守珍产生矛盾，遂将杨守珍家经过自家房屋外墙的照明电线剪断，杨守珍的长子肖乃法报警后，公安机关与当地政府有关部门，经多方工作，多次协调，已将电线接通，并恢复至今。杨守珍的丈夫肖德兴向公安机关反映肖德运挖其祖坟石摆上的石头，公安机关即到现场，实地勘查拍照，因无证据证明系肖德运所为，未做处理。由此可知被告公安机关在实体上的处理时符合法律规定的，杨守珍要求其处罚肖德运的请求无法律和事实依据，因而不予支持。

法律提示：公安机关在处理治安方面的问题时，由于通常会涉及社区邻里之间的和谐及安全问题，因而会谨慎处理。对于邻里之间因为琐事发生纠纷，出现相互拉扯厮打的行为，如果后果不是很严重，一般会进行调解或者对违法行为人轻微处罚；仅有在行为人实施了故意的殴打行为且符合“（一）结伙殴打、伤害他人的；（二）殴打、伤害残疾人、孕妇、不满十四周岁的人或者六十周岁以上的人的；（三）多次殴打、伤害他人或者一次殴打、伤害多人的”这三种情形时，方可从重处罚。

第五单元　你应得的保护

——维护你的权利

【精讲精析】

公民的权利保护毋庸置疑是现代法治国家的基本任务。但是,社会的发展和法治的健全并没有减少对公民权利的侵害,法治社会的目的之一就是建立和谐社会,逐步减少违法犯罪行为,在更大范围内保护公民的权利。法治社会摒弃了公民的私力救济,凡是侵犯了公民权利、利益的违法犯罪行为基本上都纳入了国家法律调整的范围。因此,当我们的权利受到了侵害,受害者想通过个人的力量实现正义是国家所不容许的,法律的作用就是要建立一种合理的秩序,人人都应该在秩序范围内行使自己的权利。

思想决定行动,在维护自己权利的过程中,有没有法律意识决定着你会不会走上维权道路以及如何来维权,所以公民的法律意识至关重要。

一、认识法律武器——培养你的维权意识

(一)法律意识

法律意识是指人们在一定的历史条件下,对现行法律和法律现象的理解、感知、理解、心里、体验和价值评价等各种意识现象的总称。它包括人们对法的本质和功能的看法、对现行法律的要求和态度、对法律适用的评价、对各种法律行为的理解、对自己权利义务的认识等等,是法律观点和法律观念的合称。[①]在现实生活中,人与人的交往形成了各种关系,其中权利义务关系是其中很重要的关系之一。而法律关系就是一种权利义务关系,法律就是通过规范权利义务来规范人们的行为。

随着社会的发展,国家法治进程的不断深入和法制宣传教育的不断加大,我国公民的法律意识也得到了极大的提高。可是,在我国公民的法律意识的提高却出现了畸形发展,主要表现为人们的维权意识提高了,但守法意识、责

①赵震江、付子堂:《现代法理》,北京大学出版社,1999年,第40页。

任意识、义务意识并没有很大的提高。很多人都很清楚谁侵害了自己的权利，而对自己是否侵害了别人的权利却很麻木。作为一个社会公民，不仅要知道维权，更重要的是自己要守法，只有大家都守法，社会才会进入良性循环，每一个人的权利才能得到保障。

（二）维权意识

维权意识，是指人们对于权利义务的认识以及采取何种方式实现权利，或当其权利受到损害时，以何种手段予以补救的一种心理态度。维权意识是属于法律意识的一种。在一个国家中，人们维权的状态及其维权的结果，也就预示着这个国家的法治状态。一个真正和谐的社会应该是维权意识和守法意识的协调发展。如果守法意识重于维权意识，那这个社会是没有人权的社会；如果维权意识重于守法意识，那这个社会的法律是没有权威性的法律。

我国在建设法治国家的进程中，曾经经历了守法意识重于维权意识的时代，随着法制的建设，目前人们的维权意识普遍有所提高，但同时也出现了守法意识有所下降的态势。“在我国社会发展史上，维权意识与守法意识并不总是平衡发展、相互促进的，而是经历了守法意识占绝对主导地位，维权意识被压制；守法意识占主导，维权意识萌发；守法意识与维权意识曲折发展和守法意识相对淡化、维权意识空前高涨4个阶段。当前，与维权意识高涨形成鲜明对比的是守法意识呈现出一种淡化的趋势，一方面，是人们在多元利益的冲击和诱惑下，更倾向于铤而走险，违反法律规定；另一方面，是经济调整带来了利益格局的变化，个体的合法权益更加频繁地遭到侵害，而当权利救济途径和维权渠道不畅时，人们开始对法律、司法丧失了信任和信心，甚至认为即使遵守法律规定，依照法律程序，仍然不能使得自己的合法权益得到保障，转而采用一种过激或不正当的途径来主张权利，从而影响了社会的和谐稳定。”①

但是不是我国公民的维权意识都提高了呢？笔者认为并非如此。在我国，各种各样的侵权是很常见的，真正通过合法途径来维护自己权益的公民却不是很多。我们似乎已经习惯了被侵权，同时也习惯了看别人遭受侵权。我们常常会认为：保险合同中的霸王条款我个人是无能为力的，手机话费中被多侵占的几分钱微不足道，土地被廉价收走是大家受水，别人的房子被强拆与我何干？像郝劲松那样为了5毛钱和铁道部打官司的人并不多见，正如他所说：“今天你可以失去获得它的权利，你不抗争，明天你同样会失去更多的权利。”

①董以志：《公民维权意识重于守法意识情境下检察工作适应性研究》，法学杂志，2010年第4期。

1955年10月,在蒙哥马利市,一位名叫罗莎帕克斯的黑人女裁缝拒绝服从公共汽车司机要她给白人让座的命令,于是被捕而且被处以罚金和诉讼费。黑人积聚多年的不满情绪顿时爆发出来,他们发起了一场大规模的联合行动。原计划拒乘公共汽车一天,结果持续了382天,直到最高法院宣布隔离公共交通的做法违宪时为止。这是美国历史上第一次由基层自主发起的维权行动。从此,民权运动便如山洪般不可遏止,并最终推动了《民权法案》以及其他相关法律的出台。

(三)法律意识的培养

在现实生活中,有一种很普遍的观点,那就是法律意识的高低与学习法律知识的多少成正比。我们认为,尽管法律意识的高低与法律知识水平有着很大的关系,但绝非正比关系。我们常常会遇到这样的人:几乎没有学习过法律知识,但是法律意识却比较强。所以,我们绝对不要对自己法律意识的培养灰心,只要你有心增强法律意识,并没有必要像法官、律师那样精通法律。

在这里,我们介绍一些简单有效的方法,只要这样做了,你的法律意识就会有显著的提高。

1.提高自己的道德修养

法律意识的提高怎么与道德扯上关系了呢?其实道理很简单,那就是法律的价值取向在很大程度上与道德的价值取向一致。一般来说,法律所禁止的,也是道德所谴责的;在法律的制定过程中,往往要考虑社会上普遍人们的价值观念和道德要求。自古以来,各国的法律鲜有与道德冲突的法律。当然法律对人们行为的规范和道德对人们行为的规范并不完全一致。

2.培养自己的法律思维方式

所谓法律思维方式,是指按照法律的规定、法律的精神以及法律的原理来分析问题、解决问题的行为习惯。

(1)了解法律规范

作为现代社会的公民,知法、守法是公民的基本义务。在现代社会中,人与人的交往更加频繁,社会矛盾也表现的更加复杂化和多样化,所以国家在社会事务的管理上设立了更多的执法机关。这其中,警察的社会管理职权有不断扩大的趋势;法律规范也是越来越多,不了解法律知识几乎寸步难行。所以,公民应该通过各种渠道和途径,学习和掌握一些常用的法律规范,这样可以更好地保护自己。近年来,媒体进行法制宣传教育已经很普遍了,因而有很多的公民能够意识到自己的权益何时遭到了侵害,但是仍不明白应具体使用什么法律和渠道来维护自己的权益。

(2)增强证据意识

由于传统文化的影响，人们在交往时，往往会碍于情面而不注重证据的保留。这是因为在法治不健全的背景下，人们的行为主要靠道德约束。随着社会的发展，商品经济的冲击，公民的道德意识受到了社会发展过程中制度、文化等发展相对缓慢而产生的一些副产品的剥蚀，道德的约束力受到了削弱，法律的作用在日益凸显。可是，要用法律武器维护自己的权利，最大程度地保护自己的权益，那就要按照法律的方法来实现。在法律上，一切要靠证据，一切是证据说了算。

(3)讲求程序意识

维护权益，一定要讲求程序。在法律上，任何法律行为都有一定的程序，如果不按照法律规定的程序，轻则自己的权益无法得到保障，重则可能导致违法犯罪。当下，我国出现了很多事例，公民的权益受到侵害时，不按照法律规定的渠道解决，而是采取一些比较极端的手段来处理，比如医患纠纷、拆迁纠纷等。当然，这其中有些案例的发生是法律规范的缺乏和不公造成的，不是当事人有意为之。从这个意义上来说，我国在法治进程的道路上，还要不断地加大立法，追求法律规范的公正、公平。但是一般来说，作为公民，守法是其最基本的义务，采用过激的和不符合法律要求的方式方法来维权，本身就是对法律的侵害和对法律权威性的挑战，这应该是法治国家和法治社会所不容许的。

二、拿起法律武器——维护自己的权利

英国唯物主义经验论者约翰·洛克曾说，“法律的目的不是废除或限制自由，而是保护和扩大自由”；“哪里没有法律，哪里就不能有这种自由”。在现代法治国家中，法律是权利最有力的保障。

法律对权利的保障主要有两种方式。一是通过完备的法律体系确认人权和公民权利，把尽可能多的权利纳入法律保护范围；二是通过完备的法律体系规范国家权力的运行，把尽可能多的立法、行政和司法行为纳入法律调整范围。前一方式直接确认权利，看上去比较积极；后一方式间接保护权利，看上去比较消极。但这并不意味着后一方式在权利保护方面不如前一方式有力。[①]以上两种方式都需要通过立法来完善。我国正处在法治建设的进程中，

① 资料引自：找法网，网址：http://china.findlaw.cn/info/minshang/minfa/minfalunwen/62634_2.html，作者：胡水君。访问日：2012年6月10日。

有很多问题法律还没有规定;有法律规定的,可能在制度保障方面还存在缺陷。所以,在我国私权利的保障还有诸多问题,主要是如何规范公权力和私权利的行使问题。我国著名法学家江平曾经说过:“私权利需要公权力保护,实际上主要是指法院,因为法院是保护私权利主要的机构。严格说来,公权力只要不去侵犯私权利就可以了,私权利如果需要保护,通过司法机构提起诉讼来保护就好。在这个问题上,公权力不作为是最重要的,公权力只要不去侵犯私权利,就已经做到了它最应该做的。”

在现实中,我们的权利受到侵害也主要有两种:一是其他公民的侵害;二是公权力的侵害。前者的维权按侵害程度的大小来定,如果触犯的是《治安管理处罚法》则到公安机关报案要求处理;如果触犯的是《刑法》,属于自诉案件的直接到法院起诉,属于公诉案件的到公安机关报案;如果是民法中的侵权,直接到法院起诉。后者的维权主要通过行政复议、行政诉讼实现。

具体到治安管理处罚来说,公民对公安机关的处罚不服,可以通过法律救济的形式来保护自己的合法权益。《治安管理处罚法》第102条规定,被处罚人对治安管理处罚决定不服的,可以依法申请行政复议或者提起行政诉讼。依照该条规定,被处罚人对公安机关做出的治安管理处罚决定不服的,可以依照该法和《行政复议法》的有关规定,向做出处罚决定的上一级公安机关或者本级人民政府申请行政复议,也可以依照该法和《行政诉讼法》的有关规定,向人民法院提起行政诉讼,赋予了被处罚人自行选择申请行政复议、提起行政诉讼的自主权。

(一)申请行政复议

1.行政复议的含义

行政复议是指公民、法人或者其他组织认为行政机关做出的具体行政行为侵犯其合法利益,依法请求该机关的上一级行政机关或者法律、法规规定的复议机关对具体行政行为的合法性和适当性进行审查,并做出维持、改变或者撤销这种具体行政行为的一种行政救济制度。

2.申请行政复议的依据

(1)《行政复议法》第9条第1款规定,公民、法人或者其他组织认为具体行政行为侵犯其合法权益的,可以自知道该具体行政行为之日起60日内提出行政复议申请;但是法律规定的申请期限超过60日的除外。

(2)《治安管理处罚法》第102条规定,被处罚人对治安管理处罚决定不服的,可以依法申请行政复议或者提起行政诉讼。

(3)《公安机关办理行政复议案件程序规定》第14条规定,对公安派出所依法做出的具体行政行为不服的,向设立该公安派出所的公安机关申请行政复议。第15条规定,对法律、法规授权的公安机关内设机构或者派出机构超出法定授权范围做出的具体行政行为不服的,向该内设机构所属的公安机关或者设立该派出机构的公安机关申请行政复议。对没有法律、法规授权的公安机关的内设机构或者派出机构以自己的名义做出的具体行政行为不服的,向该内设机构所属的公安机关或者设立该派出机构的公安机关的上一级公安机关申请行政复议。第16条规定,对经上级公安机关批准的具体行政行为不服的,向在对外发生法律效力的文书上加盖印章的公安机关的上一级公安机关申请行政复议。

3.行政复议的申请程序

(1)申请行政复议,可以书面申请,也可以口头申请。

(2)书面申请的,应当提交《行政复议申请书》,载明以下内容:

①申请人及其代理人的姓名、性别、出生年月日、工作单位、住所、联系方式,法人或者其他组织的名称、地址、法定代表人或者主要负责人的姓名、职务、住所、联系方式;

②被申请人的名称、地址、法定代表人的姓名;

③行政复议请求;

④申请行政复议的事实和理由;

⑤申请行政复议的日期。《行政复议申请书》应当由申请人签名或者捺指印。

(3)口头申请的,公安行政复议机构应当当场记录申请人的基本情况、行政复议请求、申请行政复议的主要事实、理由和时间,经申请人核对或者向申请人宣读并确认无误后,由申请人签名或者捺指印。

(4)申请人因不可抗力以外的其他正当理由耽误法定申请期限的,应当提交相应的证明材料,由公安行政复议机构认定。前款规定中的其他正当理由包括:①申请人因严重疾病不能在法定申请期限内申请行政复议的;②申请人为无行为能力人或者限制行为能力人,其法定代理人在法定申请期限内不能确定的;③法人或者其他组织合并、分立或者终止,承受其权利的法人或者其他组织在法定申请期限内不能确定的;④公安行政复议机构认定的其他耽误法定申请期限的正当理由。

(5)公安机关做出具体行政行为时,未告知公民、法人或者其他组织行政复议权或者申请行政复议期限的,申请行政复议期限从公民、法人或者其他组织知道或者应当知道行政复议权或者申请行政复议期限之日起计算。

(6)公安机关做出具体行政行为时,未制作或者未送达法律文书,公民、法人或者其他组织不服申请行政复议的,只要能够证明具体行政行为存在,公安行政复议机关就应当受理。申请行政复议期限从证明具体行政行为存在之日起计算。

(7)下列时间可以认定为申请人知道具体行政行为的时间:

①当场做出具体行政行为的,具体行政行为的做出时间为知道的时间;

②做出具体行政行为的法律文书直接送交受送达人的,受送达人签收的时间为知道的时间,送达时本人不在的,与其共同居住的有民事行为能力的亲属签收的时间为知道的时间,本人指定代收人的,代收人签收的时间为知道的时间,受送达人为法人或者其他组织的,其收发部门签收的时间为知道的时间;

③受送达人拒绝接收做出具体行政行为的法律文书,有送达人、见证人在送达回证上签名或者盖章的,送达回证上签署的时间为知道的时间;

④通过邮寄方式送达当事人的,当事人签收邮件的时间为知道的时间;

⑤通过公告形式告知当事人的,公告规定的时间届满之日的次日为知道的时间;

⑥法律、法规、规章和其他规范性文件未规定履行期限的,公安机关收到履行法定职责申请之日起60日的次日为申请人知道的时间,法律、法规、规章和其他规范性文件规定了履行期限的,期限届满之日的次日为知道的时间。

(8)公民、法人或者其他组织申请公安机关履行法定职责,法律、法规、规章和其他规范性文件未规定履行期限的,公安机关在接到申请之日起60日内不履行,公民、法人或者其他组织可以依法申请行政复议。法律、法规、规章和其他规范性文件规定了履行期限的,从其规定。

(9)申请人的合法权益正在受到侵犯或者处于其他紧急情况下请求公安机关履行法定职责,公安机关不履行的,申请人从即日起可以申请行政复议。

(10)申请人在被限制人身自由期间申请行政复议的,执行场所应当登记并在3日内将其行政复议申请书转交公安行政复议机关。转交行政复议申请的时间,不计人行政复议申请审查期限。

(11)同申请行政复议的具体行政行为有利害关系的其他公民、法人或者其他组织,可以作为第三人参加行政复议。

4.文书制作

(1)行政复议申请书

<table>
<tr><td colspan="6">行政复议申请书</td></tr>
<tr><td>姓名</td><td>孙××</td><td>性别</td><td>男</td><td>年龄</td><td>39</td></tr>
<tr><td>住址</td><td colspan="5">××市××区××街××号</td></tr>
<tr><td>单位</td><td>××农业大学</td><td>联系电话</td><td colspan="3">××××××</td></tr>
<tr><td>被申请人名称</td><td colspan="5">××市公安局××分局</td></tr>
<tr><td>被申请人地址</td><td colspan="5">××市××区××街××号</td></tr>
</table>

申请人不服被申请人20××年××月××日做出的具体行政行为，现申请复议，申请复议的要求是：

一、请求××市公安局依法撤销被申请人××市公安局××分局对申请人××做出的×公(×)行决字(20××)第××号公安行政处罚决定。

二、要求被申请人赔偿由于违法行使职权侵犯申请人的合法权益造成的损害人民币××元。

理由是：

一、《中华人民共和国行政复议法》第28条规定:行政复议机关负责法制工作的机构应当对被申请人做出的具体行政行为进行审查，提出意见，经行政复议机关的负责人同意或者集体讨论通过后，按照下列规定做出行政复议决定：……(三)具体行政行为有下列情形之一的，决定撤销、变更或者确认该具体行政行为违法；决定撤销或者确认该具体行政行为违法的，可以责令被申请人在一定期限内重新做出具体行政行为：1.要事实不清、证据不足的；2.适用依据错误的；3.违反法定程序的；4.超越或者滥用职权的；5.具体行政行为明显不当的。(四)被申请人不按照本法第23条的规定提出书面答复、提交当初做出具体行政行为的证据、依据和其他有关材料的，视为该具体行政行为没有证据、依据，决定撤销该具体行政行为。

续表

行政复议机关责令被申请人重新做出具体行政行为的，被申请人不得以同一的事实和理由做出与原具体行政行为相同或者基本相同的具体行政行为。 被申请人于20××年××月××日对申请人做出了拘留15日的处罚，××市公安局于20××年××月××日已经做出了撤销原处罚的复议决定，而被申请人拒绝履行复议决定，违反《中华人民共和国行政复议法》第28条第4项第2款之规定，以同一的事实和理由做出与原具体行政行为相同或者基本相同的具体行政行为。 二、××市公安局××分局认定的申请人的违法事实与事实相悖。申请人是××农业大学财务科科长，第三人李××是申请人单位的老干部科科长，申请人与第三人是同志关系，20××年××月××日学院分配了申请人住房一套，由于第三人的姐姐李×强行霸占了这套住房，致使申请人至今不能入住。 20××年××月××日××时许，申请人妻子带着女儿回申请人岳母家，在楼到内遇到了李××，李××说申请人妻子撞了他，于是对申请人妻子大骂。 20××年××月××日××时许，申请人准备向学院领导反映×月×日李××骂申请人妻子的事，不料李××又对申请人破口大骂，申请人一气之下用手打了李××右耳部和后背各一拳，然后又踢了李××一脚，但没有踢到就被同事拉开了，20××年××月××日××分局已对此案进行了调解处理，申请人主动向李××承认了错误，并赔偿了李××经济损失××××元。 三、法律规定调解处理的，不予处罚。《中华人民共和国治安管理处罚法》第9条规定：对于因民间纠纷引起的打架斗殴或者损毁他人财物等违反治安管理行为，情节较轻的，公安机关可以调解处理。经公安机关调解，当事人达成协议的，不予处罚。 本案在××月××日已经做出了调解处理，申请人赔偿了李××人民币××××元，可被申请人竟不顾法律规定，在调解处理后于20××年××月×日对申请人做出了拘留15日的行政处罚，于20××年××月××日对申请人再次做出了拘留10日的行政处罚。根据法律规定，调解处理的，不予处罚。因此被申请人在调解处理后又对申请人进行处罚，违反《中华人民共和国治安管理处罚法》第9条之规定。 综上所述，被申请人对申请人做出的行政拘留10日的处罚决定，主要事实不清，证据不足，适用法律依据错误，违反法定程序，滥用职权，具体行政行为明显不当，处罚显失公正，根据《行政复议法》《行政处罚法》《治安管理处罚法》《国家赔偿法》及有关法律规定，申请人请求××市公安局依法撤销或者变更被申请人×公×治行决字（20××）第××××号公安行政处罚决定。并要求被申请人赔偿由于违法行使职权侵犯申请人的合法权益造成的损害人民币××××元。 此致 ××市公安局 申请人：孙×× （签字捺手印） 20××年××月××日

(2)行政复议答复书

复议答复书

被申请人:沈阳市公安局××局

地址:沈阳市××路××号

现对张×× 于 20×× 年 × 月 × 日提出复议要求和理由,答复如下:

申请人申请书中所诉内容与事实相悖。

一、20××年×月×日,申请人张××无有效驾驶证件驾驶无牌、无证光阳125二轮摩托车行至××区××大街时,被我局××公安派出所民警查获。

二、无驾驶证的人,是指驾驶机动车时,没有随身携带有效驾驶证件的人,包括没有携带驾驶证件的及驾驶与驾驶执照上注明的准驾种类不相符的车辆的驾驶员,所带驾驶证件已过期失效的驾驶员和非司机等。

三、驾驶证是证明驾驶员是否具有驾驶某种车辆资格的法定证件。持B类驾驶证只能驾驶规定的车辆,不能包括E类、F类车辆。为此,张××持B类驾驶证驾驶两轮摩托车的行为可视为无证驾车。

四、公安部交通管理局关于持B类驾驶证驾驶二轮摩托车是否属于无证驾车问题的答复(公交管办[1991]3号)明确答复,驾驶证是证明驾驶员是否具有驾驶某种车辆资格的法定证件,根据《机动车驾驶证件标准》(GN43—88)的规定,持B类驾驶证只能驾驶大型货车、小型汽车(包括方向盘式三轮机动车)、大型拖拉机、四轮农用运输车、小型拖拉机和轮式自行专用机械,不能驾驶其他车辆。对于违反这一规定的行为,可视为无证驾驶。

综上所述,申请人张××无有效驾驶证件驾驶二轮摩托车,其行为已构成违反治安管理行为,我局依据《中华人民共和国治安管理处罚法》第××条×项对其做出拘留5日的公安行政处罚决定,事实清楚,适用依据正确,程序合法,内容适当,请市局依法做出维持我局原行政处罚决定的复议决定。

此致

沈阳市公安局

20××年××月××日

附:做出该具体行政行为证据材料××份

（二）提起行政诉讼

1.行政诉讼的含义

行政诉讼是指公民、法人或者其他组织认为行政机关和行政机关工作人员的具体行政行为侵犯其合法权益，依法向人民法院提起诉讼，要求人民法院对具体行政行为进行审查并做出决定的法律制度，属于司法救济制度。

2.提起行政诉讼的依据

（1）《行政诉讼法》第2条规定，公民、法人或者其他组织认为行政机关和行政机关工作人员的具体行政行为侵犯其合法权益，有权依照本法向人民法院提起诉讼。

（2）《治安管理处罚法》第102条规定，被处罚人对治安管理处罚决定不服的，可以依法申请行政复议或者提起行政诉讼。

3.提起行政诉讼的程序

（1）公民、法人或者其他组织直接向人民法院提起诉讼的，应当在知道做出具体行政行为之日起3个月内提出。法律另有规定的除外。

（2）申请人不服复议决定的，可以在收到复议决定书之日起15日内向人民法院提起诉讼。复议机关逾期不做决定的，申请人可以在复议期满之日起15日内向人民法院提起诉讼。法律另有规定的除外。

（3）公民、法人或者其他组织直接向人民法院提起诉讼的，做出具体行政行为的行政机关是被告。经复议的案件，复议机关决定维持原具体行政行为的，做出原具体行政行为的行政机关是被告；复议机关改变原具体行政行为的，复议机关是被告。两个以上行政机关做出同一具体行政行为的，共同做出具体行政行为的行政机关是共同被告。由法律、法规授权的组织所做的具体行政行为，该组织是被告。由行政机关委托的组织所做的具体行政行为，委托的行政机关是被告。行政机关被撤销的，继续行使其职权的行政机关是被告。

（4）依照本法提起诉讼的公民、法人或者其他组织是原告。有权提起诉讼的公民死亡，其近亲属可以提起诉讼。有权提起诉讼的法人或者其他组织终止，承受其权利的法人或者其他组织可以提起诉讼。

（5）同提起诉讼的具体行政行为有利害关系的其他公民、法人或者其他组织，可以作为第三人申请参加诉讼，或者由人民法院通知参加诉讼。

（6）对属于人民法院受案范围的行政案件，公民、法人或者其他组织可以先向上一级行政机关或者法律、法规规定的行政机关申请复议，对复议不服的，再向人民法院提起诉讼；也可以直接向人民法院提起诉讼。法律、法规规定应当先向行政机关申请复议，对复议不服再向人民法院提起诉讼的，依照法律、法规的规定。

4.文书制作

(1)行政起诉状

行政起诉状

原告：刘××，男，19××年×月×日出生，汉族，××市人，住××市××区××街××号，是××市搪瓷厂下岗工人

被告：××市公安局××分局

地址：××市××区××街××号

法定代表人：何××，××市公安局××分局局长

诉讼请求

一、请求人民法院依法判决被告在一定期限内履行保护原告人身权的法定职责。

二、被告承担本案的诉讼费用。

事实和理由

原告认为，被告拖延履行保护原告人身权的法定职责。

一、20××年××月××日6时，原告刘××与妻子高××开车来到了铁西区九路农贸市场买菜，高××下车后刘××准备找地方停车，这时过来了一个着便装的男人什么也没讲就向刘××要驾驶证。刘××问他是干什么的，他说别废话，并用手机打电话叫过来了10多个行政执法局的协勤人员，这些人不问青红皂白过来就将刘××拽下了车对刘××连踢带打，将刘××打得满脸是血，造成众人围观，并非法扣留了刘××的×A0056号汽车，车上还有价值300元的蔬菜。

二、原告于当日来到××市公安局××分局××派出所报案，××派出所拒绝履行保护公民人身权利的职责。

为维护原告的合法权益，依照《中华人民共和国行政诉讼法》，原告特此提起诉讼，请求贵院主持公道，依法判决。

证据和证据来源，证人姓名和住址

1.李××的证实材料；

2.刘××的病历；

此致

××省××市××区人民法院

附：本状副本1份

起诉人：刘××

20××年××月 ××日

（2）行政案件答辩状

行政案件答辩状

被告：××市公安局××分局

地址：××市××区××路××号

法定代表人：李××，××市公安局××分局局长

委托代理人：裴××，分局治安大队工作人员

委托代理人：胡××，分局治安大队工作人员

因王××不服我局对其裁决警告，向法院提起行政诉讼一案，我受××市公安局××分局法定代表人李××的委托，提出答辩如下：

原告起诉状中所诉内容与事实相悖。

20××年×月×日，原告赵××去王××家（××市××区××街××号）取营业执照过程中，赵××与王××及王的儿子王×发生口角，王××和王×将赵××推到门上，并动手击打赵××，造成赵××右耳部及颈部软组织损伤，经中国医科大学法医鉴定系鉴定赵××损伤程度为轻微伤。

综上所述，原告殴打他人，对他人造成轻微伤害，其行为已构成违反治安管理行为，我局于20××年×月×日根据《中华人民共和国治安管理处罚法》第××条×项，对其做出警告的治安管理处罚决定是正确的。

原告殴打他人，对他人造成轻微伤害，事实清楚，证据确凿，我局裁决适用法律、法规正确，符合法定程序，请法院依法做出维持我局原处罚决定的判决。

此致

××区人民法院

答辩人：××市公安局××分局

20××年×月×日

附：证据材料×份

【典型案例】

案例一　法律意识淡薄的后果[1]

2000年6月16日傍晚,潘伟毅和刘卫东一同前往申华大酒店参加朋友的生日宴会。两人都喝了不少酒,不敢开车,于是商量好当晚不回家。晚上十点左右,两人在酒店开了个房间睡下了。刘卫东说,到了晚上十一点半左右,他先醒了过来,看到潘伟毅随手放在桌子上的包,就想跟他开个玩笑,于是把包拿出了房间,藏在同楼层的服务台里。为了达到逼真的效果,他还特意把房间门打开,造成是窃贼进入的样子。

做完了这一切之后,刘卫东又悄悄溜回床上睡下了。半夜十二点左右,潘伟毅醒了过来,一看包不见了,连忙把刘卫东叫醒询问。刘卫东说原来打算吓唬潘伟毅一晚上,等第二天退房时再告诉他真相。然而他没有想到,正是因为房间的门开着,潘伟毅才断定是窃贼闯入,于是立即报了警。刘卫东说:"我当时想这件事我要当面跟潘伟毅说,我也没想到他这么快叫110过来。等110一来,我人已经像傻子一样了,好像被他打了一拳,蒙掉了,说不出话来了。"刘卫东情急之下,想等公安人员暂时查不出头绪,撤走以后再跟好朋友说清楚。于是他趁人不备,把藏在6楼服务台的包又迅速转移到了7楼服务台。

刘卫东进了看守所,可他实在想不通,这次自己开的这个玩笑,和潘伟毅以前跟他开的玩笑从形式上来看根本差不了多少,这次的玩笑甚至连点新创意都谈不上,怎么到了自己这儿,就算是犯罪了呢?看到刘卫东为此进了看守所,潘伟毅心里很不是滋味。他几次三番来到检察院,为朋友辩解。

然而人民检察院认为:刘卫东说他是以开玩笑为目的,我们定他是以非法占有为目的,是因为一个人的主观犯罪故意主要是通过他的客观行为来认定的。因为一个人的思想是不可能看得出来的,只能通过他的客观行为表现出来。事发当天公安人员到达现场后,曾询问过刘卫东,但是他却说自己什么也不知道。检察院认为:"刘卫东把藏在6楼服务台的包又转移到了7楼服务台,进一步对包实行了控制,也就是盗窃犯罪中所规定的,采用秘密手段控制了这个包,而被害人则完全对包失去了控制。""公安人员已经掌握了刘卫东拿包的

---

① 资料引自:北京青年报。http://vip.chinalawinfo.com/newlaw2002/fax/flx/case/jur_cas_018_1.htm。访问日:2012年5月14日。

比较直接的证据、重要的证据,在这种情况下,他承认是自己拿的包。虽然可能刚开始的时候,他有开玩笑的动机,但是随着事态的发展,他在主观上发生了转变,就是刑法理论中所讲的,主观故意已经发生了转变,已经是一种盗窃的犯罪故意了。"最终,刘卫东因盗窃罪被判处有期徒刑4年。

案例二 良好的证据意识[①]

王某于2007年6月到某技术公司工作,双方未签订劳动合同,年底,经双方协商一致解除了劳动关系。但2008年1月,王某就提出申诉,称在入职时双方约定的月工资标准为5000元,但该技术公司实际每月只支付了2000元工资,且该公司承诺在双方解除或者终止劳动关系时将工资的差额部分一并发放,故要求技术公司支付2007年6月至2007年12月月工资差额部分。庭审中,技术公司否认双方约定过5000元的月工资标准,并拿出了王某每月签字领取2000元的工资表以证明王某月工资标准为2000元。王某则提供一份与该公司总经理的对话录音,其中清楚地显示双方入职时约定的月工资标准的确是5000元。在事实面前,技术公司不得不低下了头。本案经仲裁委调解,技术公司支付了工资的差额部分。

案例三 维权要讲程序[②]

某油田的领导班子为了减员增效,打着上级的旗号说40岁以上的职工全部"买断"工龄,而实际情况是上级主管部门的建议是50岁以上的买断30%。这样一来就使得两千多名职工被无故"买断",这其中就包括工会主席朱某。半年后,真相大白,这两千多人就闹起了意见。朱某平时威望很高,于是就一直带领着这群职工到处"讨说法"。由于上级领导一直推诿扯皮,朱某在没有得到批准的情况下,于"五一"劳动节带领着几百人到该镇的劳动广场静坐。后警方赶到,对其进行耐心的劝阻,但朱某坚决不走。无奈之下,公安机关将其强行带走,以策划非法集会示威行为,处其10日拘留。

---

① 资料引自:北京市人力资源和保障局网,网址:http://www.bjld.gov.cn/tszl/ldzcalydp/201001/t20100120_17897.html。访问日:2012年5月15日。

② 孙怀亮、王朝霞:《以案说法——治安管理处罚法》,中国社会出版社,2010年11月,第99页。

案例四　刘宗幸不服韶关市公安局韶南分局九公里派出所治安处罚决定案①

原告:刘宗幸,男,1964年3月2日出生,汉族,韶关冶炼厂工人。

被告:韶关市公安局韶南分局九公里派出所。

代表人:陈兴德,所长。

第三人:梁传举,男,英德市沙口中心小学教师。

简要案情:2007年2月6日,第三人梁传举从英德市到韶关市办事。次日凌晨二时许,刘到其住在韶关冶炼厂的姑姑家,其姑姑家与原告刘宗幸的住所分属前后相邻的两幢楼(梁的姑姑住第4幢201房,刘住第5幢201房)。黑夜中梁传举把第5幢楼误认为是第4幢楼,梁上楼到刘宗幸家门口,便用其姑姑给的锁匙开刘的房门,开了约3分钟,门打不开。正在睡觉的刘宗幸夫妇被开门声吵醒,以为有小偷,刘便拿了一把三角刮刀去开门,梁听到房内有动静后没出声。刘开门后发现梁穿着大衣站在门口,手里拿着长条状物(实是报纸),便用三角刮刀向梁刺去,致梁右肩受伤,被送医院住院治疗用去医药费996.30元,经韶关市公安局鉴定属轻微伤。在梁住院的第二天,刘宗幸前往医院看望,并向梁道歉。九公里派出处经调查、取证、询问当事人后,于2月18日做出0010号治安管理处罚裁决书。根据《治安管理处罚法》第43条规定对刘宗幸殴打他人的行为给予警告处罚。刘宗幸不服上述裁决,向韶关市公安局韶南分局申请复议。韶南分局经复议,做出裁决维持九公里派出所的原裁决。刘宗幸仍不服,向韶关市浈江区人民法院提起诉讼。

原告刘宗幸诉称:其行为并非故意殴打他人,第三人误开房门也有过错,在当时特定环境下认为第三人是小偷而误伤第三人,可以给予民事赔偿,而不应受到治安处罚,被告的行政处罚裁决不公正,不公平,适用法律不当,要求法院撤销对被告做出的治安管理处罚裁决书和赔偿损失、负担医疗费用的裁决书。

被告九公里派出所辩称:原告刘宗幸于2007年2月7日凌晨二时许因第三人梁传举回其姑梁捌娣家时,误开刘宗幸的屋门,正在房内睡觉的刘宗幸听到响声起床手持三角刮刀,开门朝站在门外的梁传举身上捅去,致使梁右肩受轻微伤,违反了治安管理处罚条例的有关规定,应受到行政处罚。

① 资料引自:110网,网址:http://www.110.com/falv/falvanli/xingzhengfaanli/zaglcffal/2010/0724/171022_2.html。访问日:2012年5月16日。

浈江区人民法院经审理认为:第三人梁传举在深夜错开原告的门,在听到屋里有动静时,又没有用正确的方法叫门,原告在心理极度紧张的情况下用防身的工具刀误伤第三人,其行为虽造成第三人轻微伤,但原告主观上没有违反治安管理的故意,故不能构成触犯治安管理处罚法的行为,被告适用《中华人民共和国治安管理处罚法》对原告做出的裁决欠妥。原告对第三人造成的损害属民事法律调整的范围。综上所述,根据《中华人民共和国行政诉讼法》第54条第2项第2目的规定,该院于2007年4月22日做出判决:撤销韶关市公安局韶南分局九公里派出所2007年2月18日第0010号治安管理处罚裁决书和第0701号赔偿损失、负担医药费用裁决书。

一审宣判后,九公里派出所不服,向韶关市中级人民法院提出上诉称:原告刘宗幸私藏管制刀具,并以此刀具刺伤了第三人,原告主观上有违反治安管理的故意,行为已侵犯了公民的人身权利,故其做出的两个裁决是正确的。原审判决认定事实错误,所做判决不当,要求二审法院维持其裁决。被上诉人刘宗幸辩称:第三人梁传举半夜错开其屋门,自己拿工具刀自卫,刺伤梁传举目的是保卫自己的生命和财产安全,不是无故殴打他人,没有违反治安管理的故意,不应受治安处罚,但对第三人造成的损害可按实际损失给付赔偿,要求二审法院维持原判。第三人梁传举以其只是因错开了原告刘宗幸房门,却被原告用刀捅伤造成身心巨大创伤,原判决错误为由,要求二审法院追究原告的责任,赔偿因其住院,单位、亲人看望、失血营养补助,衣物损失等10000万。

韶关市中级人民法院审理认为,被上诉人刘宗幸在第三人梁传举误开其房门时,一开门不问缘由便用三角刮刀将梁刺伤,其明知使用刀具向他人刺去,会造成他人伤害,而故意刺伤第三人,客观上又造成第三人轻微伤害,其行为已违反了治安管理处罚法。第三人梁传举半夜无意误开他人房门,虽客观上骚扰了他人,造成刘宗幸心理紧张,但无任何故意。因此,上诉人九公里派出所根据《中华人民共和国治安管理处罚法》第43条对刘宗幸殴打他人给予治安警告处罚和赔偿第三人的损失、负担医药费并无不当;但对赔偿损失一节有误,梁传举购置的牛仔裤135元非直接损失,应予变更。原审判决认定事实不清,判决撤销上诉人所做出的两项裁决不当。根据《中华人民共和国行政诉讼法》第61条第(3)项、《中华人民共和国治安管理处罚法》第43条第(1)项、第5条、第8条之规定,该院于2007年7月29日做出如下判决:

一、撤销浈江区人民法院(2007)韶浈法行初字第1号行政判决;

二、维持韶关市公安局韶南分局九公里派出所2007年2月18日第0010号治安处罚裁决书和第9601号关于负担医疗费用996.30元裁决。

三、变更上诉人所做的第0701号裁决中赔偿损失1000元为840.10元，即由刘宗幸赔偿梁传举840.10元的损失，负担医疗费996.30元，两项合计：1846.40元。

【以案说法】

案例一　法律意识淡薄的后果

法律意识是公民守法的重要保证。在实际生活中公民是否能够自觉地遵守法律，这与公民的法律意识水平高低有很大的关系。每个公民守法的行为并不是自发产生的，而是在一定法律意识的指导下实现的，法律意识水平决定着他们的守法状况。法律意识既包括人们对法律整体的态度、认识和理解，即对法律的一般理解，也包括人们对某些具体的法律规定的了解和掌握。

法学上有所谓的“认识错误”理论，即由于行为人对相关法律规定的认识和理解发生了偏差和错误，而导致实施了违法行为，在这种情况下，依然要追究行为人的法律责任。而这种由于认识错误实施的违法行为，究其根源正是对有关具体的法律规定的欠缺、法律意识的淡薄造成的。

就本案而言，案件当事人刘卫东和潘伟毅均反复表示刘将潘伟毅装有4万元现金的包“拿走”并藏在服务台里的行为只是他们两位好朋友屡次开玩笑的行为中的一次，殊不知这次玩笑行为已达到触犯法律的境地。这是典型的由于“法律上的认识错误”，即法律意识的匮乏而造成的违法行为。

案例二　良好的证据意识

本案的案情比较简单，值得一提的是李某具有良好的证据意识。结合本案而言，很多人都知道因减少劳动报酬产生的争议由用人单位负举证责任，但必须注意前提是有减少劳动报酬的事实。该技术公司提供的工资表确能证明李某每月领取的工资标准，如果庭审时李某未能拿出那份录音证据，就不能证明该公司存在减少报酬的事实。正是李某确实理解了证据的重要性，并且积极主动地收集了证据，才扭转了自己的不利地位。所以，在此提醒广大劳动者不但要牢记以事实为依据、以法律为准绳，更要牢记证据是认定事实的基础，它是您身边无形的律师。[①]

---

① 资料摘自北京劳动就业报。

案例三　维权要讲程序

本案例中,朱某他们的静坐没有经过批准,并经公安机关劝阻而不听劝阻,所以受到了处罚。本案的启示是:维权要依法。

案例四　刘宗幸不服韶关市公安局韶南分局九公里派出所治安处罚决定案[①]

本案争议的焦点是原告刘宗幸用刀刺伤梁传举的行为是否属违反治安管理处罚法的行为。由于梁传举被伤害的事实已客观存在,要认定刘刺伤梁的行为没有违反治安管理,就必须有证据证明刘的行为是属于正当防卫或紧急避险。但从本案的情况来看,显然不存在这两种情形,因为梁当时是站在门口,即使其真的是小偷,由于其没有对刘宗幸"正在"实施侵害,对刘或他人的权益也不存在"正在发生的危险",即刘将梁刺伤的行为缺乏构成"正当防卫"和"紧急避险"的必备要件。一审法院认定刘以及刘认为自己没有违反治安管理处罚条例的故意,主要理由是梁深更半夜错开房门,造成刘的心理紧张,其用刀刺伤梁的目的是为了自卫,这显然是把"目的"和"动机"两个概念混淆了。目的是指行为人实施某种行为所希望达到的结果,动机则是推动或促使行为人实施某种行为的内心起因。应该说,刘一开门就持刀向梁刺去,目的就是要刺伤梁,动机则是防止梁可能对自己的伤害,即其所称的自卫。由于用刀刺梁致其受伤是刘明知会发生而且也希望发生的结果,而这一结果又侵犯了治安管理处罚法所保护的客体之一——公民的人身权利,其行为本身又不存在法定的免责情况,当然就触犯了治安管理处罚法。因此,一审法院认定刘主观上没有违反治安管理的故意不构成触犯治安管理处罚法的客体是不当的。至于刘当时主观认为其刺伤"小偷"是为了自卫,不属违反治安管理的行为,不会受治安处罚,则属于法理上所说的"法律上认识的错误",即对自己的行为在法律上的定性和后果产生误解,但这种对法律认识的错误并不影响其行为的性质和应担的法律责任。所以,二审法院的判决是正确的。

---

①资料引自:110网,网址:http://www.110.com/falv/falvanli/xingzhengfaanli/zaglcffal/2010/0724/171022_2.html。访问日:2012年5月18日。

【法条链接】

中华人民共和国集会游行示威法

第二条　在中华人民共和国境内举行集会、游行、示威，均适用本法。

本法所称集会，是指聚集于露天公共场所，发表意见、表达意愿的活动。

本法所称游行，是指在公共道路、露天公共场所列队行进、表达共同意愿的活动。

本法所称示威，是指在露天公共场所或者公共道路上以集会、游行、静坐等方式，表达要求、抗议或者支持、声援等共同意愿的活动。

文娱、体育活动，正常的宗教活动，传统的民间习俗活动，不适用本法。

第六条　集会、游行、示威的主管机关，是集会、游行、示威举行地的市、县公安局、城市公安分局；游行、示威路线经过两个以上区、县的，主管机关为所经过区、县的公安机关的共同上一级公安机关。

第七条　举行集会、游行、示威，必须依照本法规定向主管机关提出申请并获得许可。

第二十八条　举行集会、游行、示威，有违反治安管理行为的，依照治安管理处罚条例(现为《治安管理处罚法》)有关规定予以处罚。

举行集会、游行、示威，有下列情形之一的，公安机关可以对其负责人和直接责任人员处以警告或者15日以下拘留：

(一)未依照本法规定申请或者申请未获许可的；

(二)未按照主管机关许可的目的、方式、标语、口号、起止时间、地点、路线进行，不听制止的。

第二十九条　举行集会、游行、示威，有犯罪行为的，依照刑法有关规定追究刑事责任。

携带武器、管制刀具或者爆炸物的，比照刑法第163条的规定追究刑事责任。

未依照本法规定申请或者申请未获许可，或者未按照主管机关许可的起止时间、地点、路线进行，又拒不服从解散命令，严重破坏社会秩序的，对集会、游行、示威的负责人和直接责任人员依照刑法第158条的规定追究刑事责任。

包围、冲击国家机关，致使国家机关的公务活动或者国事活动不能正常进行的,对集会、游行、示威的负责人和直接责任人员依照刑法第158条的规定追究刑事责任。

占领公共场所、拦截车辆行人或者聚众堵塞交通,严重破坏公共场所秩序、交通秩序的,对集会、游行、示威的负责人和直接责任人员依照刑法第159条的规定追究刑事责任。

第三十条 扰乱、冲击或者以其他方法破坏依法举行的集会、游行、示威的,公安机关可以处以警告或者15日以下拘留;情节严重,构成犯罪的,依照刑法有关规定追究刑事责任。

中华人民共和国治安管理处罚法

第五十五条 煽动、策划非法集会、游行、示威,不听劝阻的,处10日以上15日以下拘留。

第十六条 有两种以上违反治安管理行为的,分别决定,合并执行。行政拘留处罚合并执行的,最长不超过20日。

第四十三条 殴打他人的,或者故意伤害他人身体的,处5日以上10日以下拘留,并处200元以上500元以下罚款;情节较轻的,处5日以下拘留或者五百元以下罚款。

有下列情形之一的,处10日以上15日以下拘留,并处500元以上1000元以下罚款:

(一)结伙殴打、伤害他人的;

(二)殴打、伤害残疾人、孕妇、不满14周岁的人或者60周岁以上的人的;

(三)多次殴打、伤害他人或者一次殴打、伤害多人的。

第四十九条 盗窃、诈骗、哄抢、抢夺、敲诈勒索或者故意损毁公私财物的,处5日以上10日以下拘留,可以并处500元以下罚款;情节较重的,处10日以上15日以下拘留,可以并处1000元以下罚款。

中华人民共和国行政诉讼法

第五十四条 人民法院经过审理,根据不同情况,分别做出以下判决:

(一)具体行政行为证据确凿,适用法律、法规正确,符合法定程序的,判决维持。

(二)具体行政行为有下列情形之一的,判决撤销或者部分撤销,并可以判决被告重新做出具体行政行为:

1.主要证据不足的;

2.适用法律、法规错误的；

3.违反法定程序的；

4.超越职权的；

5.滥用职权的。

（三）被告不履行或者拖延履行法定职责的，判决其在一定期限内履行。

（四）行政处罚显失公正的，可以判决变更。

后记

由于职业的缘故,常常会被人问起维权方面的问题。所以,一直以来想写一些针对普通老百姓需要的一些法律以及维权知识,特别是当老百姓的权利遭受侵害时,应该如何利用法律武器来维权。但由于一直忙于繁重的授课任务,没有闲暇来对写作相关的事宜理出头绪,所以此事一直搁置着。前些日子,我的导师俞树毅教授打来电话就编写书稿一事询问我的意愿,我当即表示愿意参加。其实,从内心来讲,我一直等待着这样的机会。

因为我从事的领域是警察教育,所以俞老师让我编写《警察权限与治安管理》一书。说实在的,自从1992年参加工作以来,还没有像今年这么忙过,这在很大程度上影响了书稿的进度。眼看着交稿日期迫近,只好与我校治安系李天明副教授商量,让他编写书中"治安管理"的部分。本书共五部分内容:第一、二单元由我完成;第三、四单元由李天明副教授完成;第五单元由我俩共同完成。

由于第一次编写这种普及性读物,写作经验不足,难免在内容组织、选择案例、语言使用等方面存在许多的不足和缺憾,还希望广大读者能够提出宝贵的意见。最后,若本书能够实实在在地帮助到每一位读者,哪怕是一小点,也达成了我们此次写作的最终目标。

杨晓平

2014年6月18日